Heidrun Fronek/Norbert Müller

Zuckerfrei und süß – schlanke Rezepte

Ganz einfach gesund süßen. Tipps und Tricks für den richtigen Umgang mit den verschiedenen Süßstoffen

Südwest

Inhalt

Süß und gesund: Schwarze Melasse ist ein ausgezeichneter Süßstoff.

Ein Augen- und ein Gaumenschmaus: exotischer Fruchtsalat.

Rund um den Zucker

Zahlreiche Wissenschaftler beschäftigen sich schon seit langem mit dem Thema »Gesundheitswert von Süßigkeiten bzw. Zucker« und kommen zu vielen unterschiedlichen Meinungen. Zahnärzte warnen vor Karies, Mediziner befürchten nachteilige gesundheitliche Folgen durch Industriezucker, und Naturköstler lehnen raffinierten Zucker aus Überzeugung ab. Extreme Vertreter der natürlichen Ernährung lassen sogar, außer Honig, überhaupt kein Süßungsmittel zu!

Erwachsene vernaschen im Durchschnitt mit etwa 90 Gramm Zucker täglich fast 400 Kilokalorien. Empfehlenswert sind etwa 50 bis 60 Gramm.

Fakten, Fakten, Fakten

Die Mehrheit der Ernährungswissenschaftler ist für einen maßvollen Umgang mit Zucker, warnt aber vor Übergewicht, Karies und Mangelernährung, die bei einem hohen Zuckerverzehr zu erwarten sind. Die Zuckerindustrie dagegen kommt den Bedürfnissen der Verbraucher nach und versüßt ihnen mit Schokolade und Gummibärchen das Leben. Sie wirbt mit Aussagen wie: »Zucker macht das Leben süß« oder: »Zucker ist Energie« und suggeriert den Naschkatzen, dass ohne Zucker das Leben »nur halb so schön« wäre.

Weltweit werden pro Jahr mehr als 100 Millionen Tonnen Zucker produziert. In Deutschland werden jährlich über 3,4 Millionen Tonnen Rübenzucker gewonnen. Während um 1900 der Verbrauch von Zucker bei etwa sechs Kilogramm pro Kopf und Jahr lag, essen Bundesbürger heute im Durchschnitt etwa 34 Kilogramm! Pro Kopf und Jahr kommen noch 1,4 Kilogramm Honig dazu, außerdem noch Süßstoffe, Zuckeraustauschstoffe und alternative Süßmittel. Die gute Nachricht: Wenigs-

Noch immer essen die meisten Menschen zu viel zuckerhaltige Nahrungsmittel in Form von Torten oder Kuchen.

tens steigt der Zuckerverbrauch nicht mehr an. Die schlechte Nachricht: Schon vierjährige Kinder schlecken 50 Gramm Zucker täglich, etwa fünf bis sechs Esslöffel weiße Süße in Form von gezuckertem Brei, Süßigkeiten oder zuckerhaltigen Getränken. Das Neinsagen fällt schwer, denn die Zuckerbäcker der Industrie erfinden ständig neue Süßkreationen. Geschickt werden Trends aufgegriffen, wie z. B. die zur Wellnesswelle passenden, mit Vitaminen und Mineralstoffen angereicherten Süßwaren.

Expertenstreit: Es gibt Studien, die nachweisen, dass Süßstoffe dick machen. Andere Untersuchungen wiederum zeigen, dass man mit Süßstoffen abnehmen kann.

Industrie und Wissenschaft

Ähnlich wie in der Butter-Margarine-Diskussion gibt es einen Zucker-Süßstoff-Streit. Neben den Zuckeraustausch- und Süßstoffen, die für Diabetiker und zur Herstellung von zahnschonenden Süßigkeiten als geeignet gelten, stehen neuerdings auch noch die alternativen Süßungsmittel zur Diskussion. Verbände und Manager beauftragen Wissenschaftler, die Schädlichkeit bzw. Gesundheitsvorteile ihres Produkts zu überprüfen. Die Ergebnisse der Studien werden medienwirksam verbreitet. Dabei besteht die Gefahr, dass Aussagen im Sinn der Auftraggeber geschönt werden.

Süßstoffe mit breiten Einsatzmöglichkeiten und möglichst ohne schädliche Nebenwirkungen haben weltweit eine große Nachfrage. Die Industrie forscht intensiv in den Bereichen der Pflanzeninhaltsstoffe und der Eiweißverbindungen, die Süßstoffcharakter besitzen. Dabei werden auch die Möglichkeiten der gentechnischen Erzeugung eingesetzt.

Auf Süßes zu verzichten, ist für viele Menschen nicht leicht. Man könnte sogar behaupten, dass die meisten Menschen lieber gesundheitliche Risiken in Kauf nehmen würden, als ohne Zucker bzw. Süßigkeiten zu le-

ben. Dieses Buch soll Ihnen einen Einblick in die Materie Zucker geben, und es versucht, das Thema kritisch zu beleuchten.
Die Rezepte ab Seite 37 sollen Ihnen als Anregung dienen, einmal (oder öfter) andere Süßungsmittel auszuprobieren. Diese bieten zwar keine Lizenz zu unkontrolliertem Süßigkeitenverzehr, sind jedoch aufgrund ihrer Zusammensetzung und Herstellung raffiniertem Zucker vorzuziehen.

Zuckerrohr ist neben der Zuckerrübe der wichtigste Grundstoff zur Gewinnung des weißen Haushaltszuckers. Nach der Ernte wird das Rohr in Stücke geschnitten und zerdrückt. Aus dem austretenden süßen Saft lässt sich durch Kristallisieren und Reinigen der Zucker gewinnen.

Was ist Zucker?

Zucker ist ein kleiner Bruder von Kohlenhydraten wie Kartoffelstärke oder Zellulose (einem Ballaststoff in Getreiden). Der entscheidende Unterschied: Bei Stärke und Zellulose sind Hunderte von Traubenzuckerbausteinen zu einem Vielfachzucker verknüpft. Beim Zucker ist nur ein Traubenzuckersteinchen mit einem Fruchtzuckersteinchen verbunden. Einfach aufgebaute Kohlenhydrate, z. B. in Weißmehlgebäck, Limonaden und Süßigkeiten, werden rasch verwertet und sättigen nicht so lange. Dagegen hat der Körper mit Stärke viel Arbeit, bis er sie zu verwertbaren Traubenzuckersteinchen abgebaut hat. Auf diese Weise wird der Körper kontinuierlich mit Energie versorgt.
Laut Zuckerartenverordnung wird Zucker als gereinigte, kristallisierte Saccharose unter den Bezeichnungen »Weißzucker«, »Halbweißzucker«, »Flüssigzucker«, »Invertflüssigzucker«, »Invertzuckersirup«, »Glukosesirup« angeboten.
Zucker wird aus Zuckerrüben oder Zuckerrohr gewonnen und industriell verarbeitet. Isoliert nennt man Zucker, weil er außer Zuckerbausteinen keine lebensnotwendigen Substanzen liefert. Dagegen kommen

Kohlenhydrate – die Basis der Ernährung

- **Einfachzucker** (Monosaccharide): *Traubenzucker* (Glukose, Dextrose) in Weintrauben, Obst; *Fruchtzucker* (Fruktose) in Früchten, Honig; *Schleimzucker* (Galaktose) als Teil des Milchzuckers
- **Zweifachzucker** (Disaccharide): *Haushaltszucker* (Saccharose) in Zuckerrüben, Zuckerrohr, Früchten; *Malzzucker* (Maltose) in Bier, Malzextrakt, gekeimtem Getreide; *Milchzucker* (Laktose) in Milch und Milchprodukten
- **Mehrfachzucker** (Oligosaccharide): *Zuckergemische* (z. B. Maltodextrine) als Lebensmittelzusatz
- **Vielfachzucker** (Polysaccharide): *Zellulose* (Ballaststoff) in der Gerüstsubstanz der Pflanzen; *Stärke* in Getreide, Kartoffeln, Hülsenfrüchten; *Glykogen* in Muskeln, Leber

In unseren Breiten wird Zucker aus Zuckerrüben gewonnen. Das Endprodukt ist eine Raffinade von besonderer Reinheit und Weißheit – aber ohne jeden Gehalt an Vitaminen, Mineral-, Ballast- oder sonstigen hochwertigen Inhaltsstoffen.

natürliche Zucker, verbunden mit Vitaminen und Mineralstoffen, in Lebensmitteln wie Obst, Milch oder Bier vor. Nebenbei versorgt uns der Biss in den Apfel mit Vitaminen, Mineralstoffen, Enzymen und Ballaststoffen, die zur Zuckerverwertung benötigt werden.

Zucker und Verdauung

Die Verdauung von Kohlenhydraten beginnt bereits im Mund. Der Speichel enthält Verdauungsenzyme (Speichelamylase = Ptyalin), die die langen Stärkeketten von Brot, Nudeln oder Erbsen in kleinere Zuckerketten spaltet, z. B. in Malzzucker. Sie leisten bereits Vorarbeit für die Hauptverdauung im Darm. Bei längerem Kauen werden lange Stärkemoleküle in kurze Kettenstücke zerlegt, bis sie nur noch aus zwei Glukosebausteinen bestehen. Die kurzen Ketten gelangen dann über den Magen in den Dünndarm. Dort knacken Enzyme der Bauchspeicheldrüse und der Darmdrüsen die restlichen Kettenstücke. Die Enzyme arbeiten so lange, bis schließlich nur noch die einzelnen Zuckerbausteine, Glukose, Fruktose und Galaktose, übrig bleiben.

Kauen Sie einmal Brot ganz bewusst längere Zeit. Sie werden feststellen, dass es nach einigen Minuten süß schmeckt. Die Brotstärke wurde in Zucker aufgespalten.

Glukosespeicher

Glukose wandert durch die Darmwand ins Blut und gelangt über die Blutbahnen in alle Körperzellen. Überschüssige Glukose wird in Leber und Muskulatur zu Glykogen umgewandelt und gespeichert. Bei Bedarf wird es wieder zu Glukose abgebaut und in das Blut abgegeben. Leber und Muskeln des erwachsenen Menschen können höchstens 400 Gramm Glykogen lagern – Energie, die noch nicht einmal für einen Tag reicht, die uns aber ermöglicht, plötzlich aufzustehen und zu laufen. Sind die Glykogenspeicher gefüllt, wird der überschüssige Zucker in Fett umgewandelt. Da Haushaltszucker im Gegensatz zur Stärke nur aus zwei Zuckerbausteinen zusammengesetzt ist, hat unser Körper nur wenig Arbeit damit, im Gegensatz zur Stärke, die aus mehreren Ketten besteht.

Glukose ist lebenswichtig

Glukose spielt im Stoffwechsel eine besondere Rolle: Sie ist Baustein wichtiger Zellbestandteile. Das Gehirn deckt seinen Energiebedarf sogar ausschließlich durch Glukose. Wenn die Kohlenhydratvorräte leer sind (z. B. bei extremen oder lang andauernden Diäten), wird die Glukose aus Aminosäuren gebildet. Diese bezieht der Körper u. a. aus dem Muskeleiweiß, was zum Abbau der Muskelmasse führt. Bewegung und Sport können vor diesem unerwünschten Muskelabbau schützen.

Regulation des Blutzuckers

Über den Darm gelangt Zucker ins Blut. Dies transportiert ihn ins Gehirn, zu den Muskeln und zu allen anderen Körperzellen. Fehlt der Zuckernachschub, fühlt man sich unwohl, schwindlig, ist unkonzentriert.

Die Aufrechterhaltung eines konstanten Blutzuckerspiegels ist lebenswichtig. Um Glukose zu verwerten, benötigt unser Organismus Insulin, ein Hormon, das in der Bauchspeicheldrüse gebildet wird. Insulin schleust den Nahrungszucker aus der Blutbahn in die Körperzellen. Dort wird der Zucker (= Glukose) verbrannt und liefert so Energie. Fehlt Insulin, kann der Zucker nicht verwertet werden. Der Zuckerspiegel im Blut steigt. Ein Teil des überflüssigen Zuckers wird über die Nieren ausgeschieden, denn zu viel Zucker im Blut ist genauso lebensbedrohend wie zu wenig.

Zucker und Sättigung

Da Zucker bereits größtenteils im Mund zerlegt wird und somit ohne lange Verdauungsvorgänge ins Blut gelangt, ist er für unseren Körper schnell verfügbar. Nach

Auch Brot enthält Zucker. Sie müssen es nur längere Zeit kauen – dann schmeckt es süß.

dem Verzehr von Zucker und zuckerhaltigen Lebensmitteln steigt der Blutzuckerspiegel rasch an. Die Bauchspeicheldrüse pumpt große Mengen Insulin ins Blut, das den Ansturm des Blutzuckers bewältigen soll. Zahlreiche »Insulintaxis« fahren den Blutzucker zur Energiebereitstellung in die Zellen und zur Leber. Der Blutzuckerspiegel sinkt durch diesen schnellen Abtransport jedoch stark bzw. unter das normale Niveau. Zu wenig Zucker im Blut bedeutet zu wenig Energie für Gehirn und Nerven. Leistungsabfall, Müdigkeit, Kopfschmerzen, Konzentrationsstörungen sowie Heißhungerattacken sind die Folge davon. Ein Teufelskreis, der im Englischen auch Sugar Blues genannt wird: Süßes lockt Süßes und macht nicht satt.

Ganz anders ist die Verdauung von stärkehaltigen Kohlenhydraten: Sie werden langsam in ihre Einzelbestandteile zerlegt. Der Zucker gelangt erst nach und nach in die Blutbahn. Die langsameren Zuckerschübe versorgen Körperzellen und Gehirn durchgehend.

An trüben Wintertagen ist die Lust auf Süßes am größten. Unsere Traditionen zollen dieser Tatsache mit den zuckersüßen Advents- und Weihnachtsbäckereien Tribut.

Süß macht glücklich!

Besonders in der kalten Jahreszeit klagen viele Menschen über Stimmungstiefs und Depressionen. Wer dann besonders auf Süßes steht, braucht sich keine Sorgen zu machen – das ist völlig normal. Denn unser Körper benötigt im Winter vermehrt kohlenhydrathaltige Lebensmittel. Essen wir etwas Süßes, setzt die Bauchspeicheldrüse den Transportstoff Insulin frei. Das Insulin schleust Tryptophan ins Gehirn. Die Gehirnzellen bauen aus dem Tryptophan das Glückshormon Serotonin auf. Und der Mensch fühlt sich gleich besser! Die volkstümliche Meinung, dass Zucker »Nervennahrung« sei, ist damit gerechtfertigt. Die Bildung des Stimmungsmachers hängt auch von der Lichtintensität ab.

Vorsicht vor versteckten Zuckern

Lebensmittel mit einem hohen Zuckergehalt erkennt man sofort, wenn man die Zutatenliste studiert. Steht der Zucker am Anfang der Liste, ist relativ viel davon im Lebensmittel enthalten.

Der Name sagt es schon: Auf der Zutatenliste müssen alle Zutaten, die bei der Herstellung des Lebensmittels verwendet wurden, aufgeführt sein. Die Aufzählung erfolgt nach ihrem Gewichtsanteil. An erster Stelle der Liste steht die Zutat, von der die größte Menge verwendet wurde.

Doch nicht nur (Haushalts-)Zucker versüßt das Leben und die Lebensmittel. Der Hinweis »(Kristall)zuckerfrei« oder »ohne Zuckerzusatz« bedeutet nur, dass Haushaltszucker (= Saccharose) fehlt. Andere Zucker und Süßungsmittel sind trotzdem erlaubt und auch oft enthalten.

Wussten Sie schon, wie viel Zucker sich in unseren Lebensmitteln versteckt? Z. B. stecken in einem Schokoriegel 19 Stück Würfelzucker, in einem Glas Limonade

Lassen Sie sich durch Bezeichnungen wie »Traubenzucker«, »Dextrose«, »Stärkezucker«, »Maltodextrin« oder »Glukosesirup« nicht in die Irre führen. Alle diese Begriffe stehen ebenfalls nur für zuckerhaltige oder zuckerähnliche Produkte.

Zucker mit Tarnkappe

Achten Sie einmal auf Begriffe wie »Dextrose«, »Glukose« (= Traubenzucker), »Fruktose« (= Fruchtzucker), »Maltose«, »Maltodextrine«, »Malzextrakt« (= Malzzucker), »Glukosesirup« (= Stärkesirup), »Invertzucker«. Das sind die Namen der engen Verwandten des Haushaltszuckers. Sie wirken genauso wie der Zucker selbst. Ein weiterer Zuckertrick: Es werden viele verschiedene Arten von Zuckern in kleiner Menge eingesetzt. Würde man alle Zuckerarten zusammenrechnen, müsste Zucker die Zutatenliste anführen!

Empfehlungen zum Zuckerverzehr

Etwa 55 Prozent der Kalorien, die wir täglich zu uns nehmen, sollten – so die Deutsche Gesellschaft für Ernährung (DGE) – aus Kohlenhydraten kommen. Zucker sollte höchstens einen Anteil von zehn Prozent ausmachen. Gemeint sind nicht nur die sichtbaren Zuckermengen. Auch alle anderen Zucker, die sich in Schokolade, Bonbons, Fertiggerichten oder Süßspeisen verstecken, müssen mitgerechnet werden. Da ist das Maß schnell voll! Nur 10 bis 25 Prozent des Zuckers »sehen« wir beim Naschen. Der Rest wandert mit Süß- und Backwaren, süßen Getränken, süßen Brotaufstrichen und Fertiggerichten, Ketchup und Saucen fast unbesehen in den Mund. Kinder sollten nicht mehr als 80 bis 200 Kilokalorien (das entspricht 20 bis 50 Gramm Zucker pro Tag, je nach Alter) in Form von Süßigkeiten verzehren. Allerdings ist auch hier das Ziel schnell erreicht: Bereits fünf Stückchen Schokolade, zwei Negerküsse oder eine Hand voll Gummibärchen beinhalten diese Mengen.

Fruchtnektare und Fruchtsaftgetränke sollten Sie lieber im Ladenregal stehen lassen. Diese sind – im Gegensatz zu 100-prozentigem Fruchtsaft – mit Wasser gestreckt und mit großen Mengen an Zucker gesüßt.

sind es elf Stück Würfelzucker, in einem Glas Apfelsaft immerhin noch acht Stück. Nicht nur Naschereien wie Schokolade, Bonbons und Kuchen enthalten Zucker, sondern auch Limonaden und Fruchtsaftgetränke tragen erheblich zum Zuckerkonsum bei.

Zucker versteckt sich fast überall

Zucker ist nicht nur in Süßigkeiten, Säften und Obstkonserven zu finden, sondern auch in Lebensmitteln, bei denen man ihn weniger vermutet. Ketchup enthält beispielsweise 20 bis 30 Prozent Zucker, Frühstücksflocken um die 25 Prozent, Senf 15 Prozent, Rotkraut aus der Dose zwölf Prozent, Fertigsalatsaucen locken mit zehn Prozent Zucker. Und natürlich auch Babynahrung, bei der man auf zuckerfreie Produkte hofft, enthält zum Teil nicht unerhebliche Zuckermengen. Die Programmierung auf »süß« beginnt im Babyalter.

Die Programmierung auf Süßes beginnt mit Kindergrieß (bis zu 30 Prozent Zucker), Milchnahrung (bis zu 52 Prozent) oder Kinderteegranulat (bis zu 96 Prozent Zucker).

Lust auf Süßes – woher kommt sie?

Die Lust auf Süßes ist wahrscheinlich angeboren. Darüber streiten sich aber noch die Wissenschaftler. Unter den vier Geschmacksrichtungen »süß«, »sauer«, »salzig« und »bitter« spielt der Süßgeschmack eine besondere Rolle. Bereits bei Säuglingen in den ersten Lebenstagen kann man die Vorliebe für »süß« erkennen. Süßlich schmeckt das Fruchtwasser im Mutterleib, und auch die Muttermilch ist süß. Ob diese ersten Geschmackseindrücke prägen? Babys lächeln, wenn man ihnen Zuckerwasser auf die Lippe träufelt. Kleinkinder essen mehr von einer Speise, wenn diese zuvor gesüßt wurde. Erwachsene, die in einer Kultur ohne süße Nahrungsmittel aufwuchsen, bevorzugen spontan die süße Richtung, wenn ihnen Süßes zur Verfügung steht.

Diäten und Süßhunger

Verbot von Pralinen und Schokocreme? Die meisten Diäten schließen zuckerreiche Lebensmittel völlig aus. Aber gerade dann ziehen Süßbomben magisch an. Problematisch wird es, wenn man das (selbst) auferlegte Süßigkeitenverbot durchbricht. Die rigiden Verbote führen zu einer »Jetzt-ist-es-auch-egal«-Reaktion. Statt mit Genuss einen Riegel Schokolade zu essen, wird mit schlechtem Gewissen (und wenig Genuss) die ganze Tafel vertilgt. Anschließend bestraft man sich mit neuen (vielleicht noch strengeren) Vorschriften.

Krank durch Zucker?

Dem Zucker wird viel angelastet: Er sei Vitaminräuber, Zahnkiller, Dickmacher oder Verursacher von Diabetes mellitus und Darmkrankheiten. Macht Zucker tatsächlich krank?

Zucker als Vitaminräuber

Kohlenhydrate können im Stoffwechsel nur dann verwertet werden, wenn genügend Vitamine der B-Gruppe vorhanden sind. Ohne das Schlüsselvitamin B1 (= Thiamin) können Kohlenhydrate, ob aus Brötchen, Bananen oder Bonbons, nicht ausgenutzt werden. Reich an Vitamin B1 sind Vollkornprodukte, Hülsenfrüchte und Fleisch.

Haushaltszucker liefert selbst keine Vitamine. Aber zu seinem Abbau werden B-Vitamine benötigt, weswegen er auch als Vitaminräuber bezeichnet wird. Vollkornprodukte dagegen bringen die für ihren Abbau benö-

Bekannt wurde die Bedeutung des Vitamin B1 durch die klassische Vitamin-B1-Mangelkrankheit Beri-Beri. Muskelschwäche, Lähmungen und Nervenentzündungen sind die Symptome dieser Erkrankung, die heute noch in armen Ländern auftritt.

Süße Freuden auch für Diabetiker

Lange Zeit mussten Diabetiker auf Süßes verzichten. Erst mit der Entdeckung des Diabetikermarkts produzierten Süßigkeitenhersteller süßen Genuss auch für Zuckerkranke.

Anstelle von Zucker werden Süßstoffe oder Zuckeraustauschstoffe als Süßungsmittel eingesetzt. Ersetzt man Zucker durch Zuckeraustauschstoffe, ändert sich kaum etwas am Energiegehalt. Das bedeutet, dass Diabetikerprodukte meist genauso viel Kalorien enthalten wie vergleichbare »normale« Lebensmittel. Süßstoffe hingegen sind kalorienfrei, dafür hinsichtlich ihrer Unbedenklichkeit umstritten (siehe Seite 26).

tigten Vitamine gleich mit. Bei einem hohen Zuckerkonsum und vitaminarmer Ernährung kann es unter Umständen zu Mangelerscheinungen kommen. Vitamin B1 ist besonders wichtig für Nerven, Herz und Muskeln.

Das Zahnmännchen

Jedes dritte Kind im Alter von sechs Jahren hat Karies. Nur zehn Prozent der Zehnjährigen haben kariesfreie Zähne. Das muss nicht sein, denn schon im Babyalter können die ersten Meilensteine für eine kariesfreundliche Ernährung gelegt werden.

Lebensmittel mit dem Zahnmännchenlogo enthalten keinen gewöhnlichen Haushaltszucker. Süßigkeiten werden anstelle von Zucker mit Süßstoffen oder Zuckeraustauschstoffen gesüßt. Für den Verbraucher erkennbar sind die zahnfreundlichen Süßigkeiten an dem Logo »Zahnmännchen mit Schirm«. Dieses geschützte Markenzeichen wird nur an diejenigen Produkte verliehen, die einem strengen Prüfverfahren unterliegen. Dabei wird nachgewiesen, dass die Zähne durch den Genuss nicht geschädigt werden. Dagegen sind Werbewörter wie »zahnschonend« oder »zahnfreundlich« nicht geschützt und wenig aussagekräftig.

Quarkspeisen werden schön locker-cremig, wenn man statt der kalorienreichen Sahne kohlensäurereiches Wasser zufügt. Diätschokolade für Diabetiker hat genauso viele Kalorien wie normale Schokolade.

Zu viel Süßes macht dick

Brötchen, Marmelade, dazu gezuckerter Kaffee? Mit einem Start dieser Art in den Tag kommt der Hunger schnell wieder. Dagegen halten Vollkornbrot, Obst und Gemüse länger vor. Ein gehäufter Teelöffel Zucker entspricht dem Zuckergehalt eines Apfels, der gerne als Zwischenmahlzeit verzehrt wird. Ein Glas Apfelsaft dagegen liefert bis zu vier Teelöffel Zucker. Wer Zucker einsparen möchte, sollte also frische Äpfel bevorzugen.

Macht Schokolade high?

In Schokolade sind Stoffe enthalten, die die Stimmungslage positiv beeinflussen können. Diese Endorphine und Exorphine können den Körper in hohen Konzentrationen in einen Rauschzustand versetzen. Allerdings wären fast 12 000 Tafeln Schokolade nötig, um diese Wirkung zu erfahren. Der Verzehr von Schokolade scheint manchen Menschen dennoch gute Laune zu bringen. Neben besagten Highmachern liefert sie außerdem Koffein und Theobromin, die ebenfalls belebend wirken. Doch auch diese Stoffe kommen nur in sehr geringen Konzentrationen vor. Möglicherweise liegt die Faszination der braunen Masse in der gelungenen Kombination der anregenden Stoffe mit dem zarten Schmelz begründet.

Mit üppigen Schlemmereien überziehen Sie rasch Ihr Kalorienkonto. Naschen Sie lieber leicht, etwa mit Biskuits, Gummibärchen, Fuchtbonbons oder Obstsorbets.

Süßigkeiten mit natürlichem Zuckergehalt stillen das Verlangen nach Süßem oft genauso gut, man isst aber insgesamt weniger Zucker und führt gleichzeitig noch wertvolle Ballaststoffe, Mineralstoffe und Vitamine zu. Doch Zucker ist nicht der einzige Dickmacher in Süßigkeiten. Wissenschaftliche Untersuchungen zeigten, dass erst bei einem Verzehr von mehr als 500 Gramm Zucker pro Tag dieser in Körperfett umgewandelt wird.
Die wirklichen Dickmacher sind die Fette. Denn Fette verstärken den Eigengeschmack des Zuckers. Sie machen Pralinen und Desserts erst richtig schmackhaft. Für die Figur ist das allerdings ein Alptraum: Denn der Energiegehalt von Fetten (neun Kilokalorien pro Gramm) ist doppelt so hoch wie der von Zucker (vier Kilokalorien pro Gramm). Fettreiche Süßigkeiten füllen Pölsterchen an Hüften, Bauch und Po viel schneller als zuckrig-leichte Naschereien. Wer also Süßes liebt, sollte vor allem fettarme Süßigkeiten auswählen.

Verdauungsprobleme durch Zucker

Der Darm hat eine wichtige Schutzfunktion für den gesamten Organismus. Darmschleimhäute und Darmbakterien halten Giftstoffe und Krankheitserreger zurück und entsorgen diese mit dem Stuhl.

Kuchen, Süßes und Weißbrot sind ausgesprochen ballaststoffarm. Ballaststoffe sorgen für eine geregelte Verdauung, indem sie im Darm quellen und ihn zu verstärkter Eigenbewegung anregen. Fehlen sie in der Nahrung, wird der Darminhalt zäh und drückt auf die Darmwände. Ständig unter Druck, stülpen sich die Darmwände aus und bilden Taschen, die sich entzünden können. Bei Krämpfen oder Durchfall kann die Ursache an Bakterien liegen, die sich bei großen Zuckermengen im Darm stark vermehren und die Darmschleimhaut reizen können.

Pilze im Darm

Pilze werden ebenfalls als Folge zuckerreicher Ernährung benannt. Sie lieben Süßigkeiten, helles Mehl, süße Getränke und Alkohol. Pilze, insbesondere die so genannten Candidaspezies, finden Ärzte in 60 bis 80 Prozent der Stühle gesunder Menschen. Hefepilze

Gewöhnen Sie Ihre Kinder nicht an übersüßte Getränke. Besser sind natursüße Fruchtsäfte mit Mineralwasser gemischt.

sind nicht nur im Darm, sondern nahezu überall im Körper nachzuweisen. Erst wenn das natürliche Gleichgewicht, die Mikroflora, im Darm gestört wird, kann es zu einer übermäßigen Zunahme von Pilzen kommen, die krank machen können. Die Pilze werden für zahlreiche Krankheitssymptome wie Gemütsschwankungen, Übergewicht, Kopfschmerzen, Migräne und Verstopfung verantwortlich gemacht. Inwieweit die Beschwerden von der Zahl der Pilze im Darm abhängt, bleibt umstritten. Ebenso streiten sich Experten über die Wirksamkeit von Antipilzdiäten.

Ist ein Diabetiker nicht ausreichend mit Insulin versorgt, lagert sich der Zucker in den Blutgefäßen ab. Die Folge sind Durchblutungsstörungen, die zu den gefürchteten Spätschäden wie schweren Sehstörungen und offenen Beinen führen.

Was bedeutet Zuckerkrankheit?

Bei Diabetes mellitus, im Volksmund Zuckerkrankheit genannt, ist die Arbeit des Transporthormons Insulin gestört. Der Zucker kann nicht oder nur ungenügend in die Zellen geschleust werden. Viele Diabetiker sind auf die Insulingabe angewiesen, um einen zu starken Blutzuckeranstieg zu vermeiden. Eine Überzuckerung kann zu einem lebensgefährlichen Koma führen. Erste Anzeichen eines Diabetes mellitus können starker Durst, häufiges Wasserlassen, vertiefte Atmung oder Müdigkeit sein.

Ist Zucker schuld an der Zuckerkrankheit?

Jein. Denn es gibt zwei Diabetestypen: Beim jugendlichen Diabetes bzw. Diabetes Typ I ist die Insulinproduktion gestört, etwa infolge einer Infektion oder durch Vererbung. Der so genannte Altersdiabetes bzw. Diabetes Typ II wird häufig durch Übergewicht ausgelöst. Übergewicht wiederum isst man sich an, auch mit zu viel Zuckerwerk. Zuckerreiche Ernährung als Ursache für die Zuckerkrankheit wird von Medizinern immer wieder verneint. Kritiker dieser Auffassung sehen jedoch einen Zusammenhang: Die Zahl der Zuckerkranken stieg nach dem Krieg markant an, parallel zu dem steigenden Verzehr von Zucker und Süßigkeiten.

Verursachen erhitzte Zucker Krebs?

Erhitzt man Zucker in Pfanne oder Backofen, entsteht eine bräunliche Masse. Die schmeckt nicht nur süß, sondern fein, aromatisch, nach Karamell eben. Was so einfach aussieht, ist ein komplizierter chemischer Prozess, bei dem im Karamell etwa 80 verschiedene neue Stoffe entstehen. Einer davon ist Hydroxymethylfurfurol, abgekürzt HMF. HMF ist ein Qualitätsmerkmal bei Honig. Nun wurde bei Tierversuchen festgestellt, dass HMF in höheren Konzentrationen Krebs auslösen kann. HMF entsteht in allen Lebensmitteln, bei deren Verarbeitung Zucker erhitzt wird. So auch bei Karamell und in der Kruste von Brot und Kuchen. Schädlich wirkt dieser Stoff erst in höheren Konzentrationen, die allerdings bei einigen Karamellprodukten nachgewiesen werden konnten (ÖKO-Test, 4/97). Schonende Herstellungsverfahren zahlen sich aus: Karamell- und Krokantspezialitäten aus Naturkostladen und Reformhaus lagen unter der HMF-Nachweisgrenze (Deutscher Reformhausverband).

Bei der Karamellisierung von Zucker entstehen Krebs erregende Stoffe. Wer sichergehen will, reduziert Naschwerk mit Karamell und Krokant oder kauft diese Leckereien im Reformhaus oder Bioladen.

Schadet Zucker der Haut?

Aknepickel in der Pubertät verschwinden, wenn Schokolade und andere Süßigkeiten gestrichen werden. Das zeigt zwar die Erfahrung, ist aber noch nicht wissenschaftlich belegt. Hautmediziner bestätigen nur, dass reichlich Zucker die Fette auf der Haut verändert. Der Haut sieht man es zuerst an, wenn Vitamine und Mine-

Licht und Luft statt Zuckerzeug

Wer den Appetit auf Süßes bremsen will, kann es auch mit einem längeren Spaziergang an der frischen Luft versuchen. Denn Sport, Bewegung und Tageslicht steigern den Serotoninspiegel (siehe Seite 11) genauso wie Zuckerzeug. Auch Nudeln, Brot, Kartoffeln, Gemüse und Obst versorgen den Körper mit froh machendem Zucker. Der Clou: Die Zucker werden langsam abgegeben und sorgen dafür, dass der Stimmungsstoff Serotonin gleichmäßig über den Tag produziert wird. Besonders gut gegen schlechte Laune wirken »langsame« Zucker kombiniert mit Eiweiß wie etwa Milchshakes mit frischen Früchten, Marmeladenbrot mit Quark oder Nudeln mit Käsesauce.

ralstoffe fehlen. Sie trocknet schneller aus, ist rissiger und leichter verletzlich.

Bei Neurodermitis reagiert die Haut allergisch. Mit Rötungen, Pusteln, Schuppen oder Rissen wehrt sie sich gegen Stoffe in Lebensmitteln, Kleidung oder Luft. Bei der ganzheitlichen Behandlung der Neurodermitis werden psychische Komponenten genauso berücksichtigt wie eine Umstellung der Ernährung. Dabei ist Zucker ein wichtiger Faktor. Als Leitlinien sollte die Kost vollwertig und möglichst naturbelassen sein. Die Nahrung sollte keine Allergene beinhalten (z. B. Hühnerei- und Kuhmilcheiweiß, Nüsse etc.) und säurearm sein. Fruchtsäuren in Obst und Säften beispielsweise verstärken die Hautstörungen. Ebenfalls sollten Lebensmittel gemieden werden, aus denen im Stoffwechselabbau Säuren entstehen. Da Zucker im Stoffwechsel in Säure umgewandelt wird, sollte im Rahmen einer Neurodermitisdiät auf zuckerhaltige Lebensmittel verzichtet werden.

Lassen Sie sich nicht von so genannten Lightprodukten täuschen! Nicht alles, wo light draufsteht, ist kalorienarm. Light bedeutet übersetzt lediglich leicht und kann auch einfach locker oder luftig meinen. Greifen Sie stattdessen lieber zu Lebensmitteln, die von Natur aus »light« sind.

Vielfältige Süßungsmöglichkeiten

Wer Haushaltszucker streichen will, findet eine ganze Reihe von süßen Alternativen. Der Markt bietet Industriesüßen, Süßstoffe, Zuckeraustauschstoffe sowie alternative Süßungsmittel an. Die Palette reicht von kalorienfrei bis kalorienreich, von zahnschädlich bis zahnfreundlich, von vitamin- und mineralstoffarm bis zum Reichtum an verschiedenen Gesundstoffen.

Süßes vollständig aus dem Speiseplan zu streichen, wäre sicherlich keine langfristige Lösung. Probieren Sie stattdessen die zahlreichen Süßungsalternativen aus.

Industriesüßen

Industriesüßen sind im Hinblick auf ihre isolierten Zucker reine Kalorienlieferanten. Zuckeraustauschstoffe sind im Rahmen einer Diabetesdiät eine willkommene Alternative zu Zucker. Süßstoffe bieten kalorienfreien Genuss vor allem für Übergewichtige und Diabetiker, haben aber in der Kost von Kindern nichts zu suchen. Süßschnäbel sollten alternative Süßungsmittel verwenden.

Im weitesten Sinn unterliegen zwar fast alle Süßungsmittel industriellen Vorgängen, sei es durch Reinigung, Erhitzung oder um den Zucker aus der Frucht zu gewinnen. Allerdings überleben in alternativen Süßungsmitteln mehr Wertstoffe als in Industriesüßen.

Brauner Zucker

Egal um welche Art von Zucker es sich handelt – es gilt immer: in Maßen süßen.

Im Gegensatz zur landläufigen Meinung, brauner Zucker sei gesünder, unterscheidet er sich tatsächlich in seinen Inhaltsstoffen kaum von weißem Haushaltszucker. Ihm hängen lediglich braun färbende Melassereste oder nachträglich zugesetzter Zuckerfarbstoff (Zuckercouleur) an. Der einzige Pluspunkt, der für braunen Zucker spricht, ist sein malzig-karamellartiger Geschmack. Als Rohzucker findet man ihn in Bioläden und Reformhäusern. Brauner Kandiszucker ist Zucker mit groben Kristallen. Karamellprodukte oder Zuckercouleur färben den Kandis gelblich braun.

Kristallzucker war früher rosa oder bläulich gefärbt. Heute ist Industriezucker rein, weiß und frei von allen Schadstoffen – aber auch von allen wertvollen Inhaltsstoffen.

Invertzucker

Durch Kochen mit Weinsäure wird Haushaltszucker (= Saccharose) in Invertzucker umgewandelt. Dabei verliert der Zucker 20 Prozent seiner Süßkraft. Invertzucker ist natürlicherweise in Honig enthalten und besteht aus gleichen Teilen Trauben- und Fruchtzucker. Invertzucker ist vor allem in der Lebensmittelindustrie beliebt, weil er nicht so leicht auskristallisiert wie Zucker. Invertzucker wird zu Invertzuckercreme umgebaut, früher bekannt und beliebt unter dem Namen »Kunsthonig«. Ein Fünftel seiner Süßkraft büßt der Zucker bei der Umwandlung zu Invertzucker ein.

Traubenzucker, Dextrose und Glukosesirup

Traubenzucker (= Glukose) – auch unter der Bezeichnung »Dextrose« bekannt – ist ein Monosaccharid und Bestandteil in Früchten, Gemüse, Honig und Haushaltszucker. Wie sein Name sagt, kommt er in Trauben vor. Die Industrie isoliert Traubenzucker aus Mais-, Weizen- oder Kartoffelstärke. Als schnellen Energielieferant nutzen vor allem Sportler den Traubenzucker. Diabetiker sollten immer ein Stück in der Tasche haben, um Unterzucker auszugleichen. Seine Süßkraft ist nur halb so hoch wie die von Haushaltszucker, weshalb er sich nicht zum Süßen von Speisen eignet. Glukosesirup ist die flüssige Form des Traubenzuckers.

Milchzucker

Milchzucker ist Bestandteil der Milch und besitzt nur eine geringe Süßkraft. Milchzucker wird sehr langsam verdaut, so dass er bis in die untersten Darmabschnitte gelangt. Dort lockert er den Stuhl und beugt somit Verdauungsstörungen vor. Milchzucker fördert die Auswertung von Kalzium. Von der Natur sinnvoll komponiert, enthalten milchzuckerreicher Joghurt, Quark, Käse und Milch auch viel Kalzium.

Malzzucker und Maltodextrin

Malzzucker ist in Bier, Malzextrakt, Honig und Brot enthalten. Malzzucker wird mit Hilfe von Enzymen aus Stärke gewonnen und schmeckt nur leicht süßlich. Er verleiht Brot, Bier und Alkohol eine malzig-würzige Note. Malzzucker ist auch in Maltodextrinen enthalten, mit denen Kinderbreie und Backmittel gesüßt werden. Hochleistungssportler sichern mit Maltodextrinen den Energienachschub während eines Wettkampfs.

Dass Zuckeraustauschstoffe für Diabetiker geeignet sind, bedeutet noch nicht, dass man sie als gesunde Lebensmittel einstufen kann. Sie liefern vielmehr ebenso leere Kalorien wie der insulinabhängige Zucker.

Zuckeraustauschstoffe

Zuckeraustauschstoffe schmecken süß und können, wie der Name sagt, Zucker ersetzen. Das ist wichtig für Diabetiker, denn Zuckeraustauschstoffe werden vom Körper langsamer aufgenommen als Haushaltszucker. Der Blutzuckerspiegel schwankt kaum. Ein weiterer Vorteil für zuckerkranke Patienten liegt darin, dass Zuckeraustauschstoffe ohne die Bildung von Insulin vom Körper verwertet werden.

Die wichtigsten Zuckeraustauschstoffe sind: Fruchtzucker, Sorbit, Xylit, Mannit, Isomalt, Maltit und Laktit. Ihre Süßkraft ist unterschiedlich groß. In der Süßwarenindustrie verwendet man immer mehr Zuckeraustauschstoffe, da sie die Zähne nicht oder kaum angreifen. Die Süßigkeiten erhalten das Zahnmännchen (siehe Seite 16). Ausgenommen ist der Karieserreger Fruchtzucker. Allerdings haben die meisten Zuckeraustauschstoffe einen Nachteil: Bei übermäßigem Verzehr wirken sie abführend, bei Kindern schon bei drei bis fünf Bonbons. Kaugummis mit Laktit werden in größerer Menge (bis 40 Streifen) vertragen.

Zuckeraustauschstoffe lassen sich wie Haushaltszucker verwenden. Sie sind genauso gut zum Kochen und Backen geeignet. Beachten muss man dabei allerdings die unterschiedlichen Süßstärken.

Zuckeraustauschstoffe schonen Zähne

Zuckeraustauschstoffe sind mit Ausnahme der Fruktose aus zahnmedizinischer Sicht die sinnvollste Alternative zu Zucker, da sie nur geringfügig kariogen sind, also kaum Karies erzeugen. Gegen einen mäßigen Verzehr von Süßigkeiten, die mit Zuckeraustauschstoffen gesüßt wurden, ist aus gesundheitlichen Gründen generell nichts einzuwenden.

Fruchtzucker und Isomalt

Fruchtzucker ist süßer als Zucker. Um den gleichen Süßgeschmack zu erreichen, ist eine geringere Dosis nötig. Hinsichtlich der Inhaltsstoffe hat Fruchtzucker dieselben Nachteile wie Zucker. Isomalt süßt hingegen nur halb so gut wie Zucker, enthält aber genauso viele Kalorien. Um die gleiche Süße zu erreichen, muss man das Doppelte an Energie in Kauf nehmen.

Süßstoffe

Süßstoffe als Alternative zu Zucker wären ein Segen für alle Naschkatzen, jedoch diskutieren Wissenschaftler noch mögliche Langzeitschäden. Süßstoffe sind kalorienfrei und die Süßesten unter den Süßen. Die rein synthetischen Verbindungen sind etwa 10- bis 3000-mal so süß wie Haushaltszucker. Eine Süße, die fast keine Kalorien enthält und keine Gefahr für die Zähne darstellt! Doch die süßen Wunder soll man nicht in unbegrenzter Menge aufnehmen. Die Weltgesundheitsorganisation (WHO) hat gesundheitliche Bedenken und legt obere Sicherheitsgrenzen für den täglichen Süßstoffverbrauch fest. Dieser liegt für Saccharin bei fünf Milligramm pro Kilogramm Körpergewicht und für Zyklamat bei elf Milligramm pro Kilogramm Körpergewicht. Die Höchstgrenzen für Aspartam liegen bei 40 Milligramm und für Acesulfam-K bei 15 Milligramm.

Achtung! Bei der Ermittlung der Höchstgrenzen wird nur der erwachsene Mensch berücksichtigt. Kinder mit viel geringerem Gewicht geraten beim Verzehr von Süßstoffen sehr viel schneller in die Gefahrenzone!

Stevia – süßes Geheimnis der Natur

Stevia (Stevia rebaudiana) ist eine südamerikanische Pflanze aus den Bergen Brasiliens und Paraguays, deren Blätter zum Süßen von Kräutertees und Lebensmitteln verwendet werden. Steviablätter werden getrocknet und können dann im Ganzen oder gemahlen als Pulver aufgebrüht werden. Durch seine hohe Süßkraft zählt es ebenfalls zu den Süßstoffen und wird natürlich gewonnen. Stevia schmeckt, anderen Lebensmitteln zugesetzt, angenehm süß. In höheren Konzentrationen erinnert sein Geschmack an Süßholz. Als Süßungsmittel

Mit Süßstoffen abnehmen?

Obwohl Übergewichtige vom Angebot kalorienfreier Süßmittel profitieren, stellen Süßstoffe keine zufriedenstellende Alternative dar. Denn Speisen mit Süßstoffen steigern möglicherweise den Appetit auf süßstoffhaltige Produkte (betrifft vor allem Zyklamat und Saccharin). Besser, als auf Süßstoffe umzusteigen, ist ein vernünftiger Umgang mit Süßigkeiten.

lässt es sich erhitzen und für kalte und heiße Speisen verwenden. Stevia ist in Deutschland als Kräutertee und als Pulver erhältlich (Bezugsadresse siehe Seite 126). Internationalen wissenschaftlichen Untersuchungen zufolge ist Stevia ein Süßungsmittel ohne Kalorien und Nebenwirkungen.

Brühen Sie Stevia als Tee auf, und süßen Sie damit löffelweise andere Lebensmittel. Ein oder zwei Steviablätter pro Kanne reichen aus, um eine angenehme Süße zu erzielen. Neuerdings gibt es auch Steviapulver.

Alternative Süßungsmittel

Alternative Süßungsmittel enthalten im Gegensatz zu raffiniertem Zucker wichtige Inhaltsstoffe und werden zum Teil natürlich gewonnen. Der Naturkosthandel bietet die weniger stark verarbeiteten Süßungsmittel an, die neben der ursprünglichen Süße den rohstofftypischen Geschmack sowie Wertstoffe mitliefern. Durch den meist intensiven Eigengeschmack bewahren diese Süßungsmittel vor allzu reichlichem Verzehr.
Übermäßig mit Süßungsmitteln versetzt, schmecken Desserts, süße Aufläufe oder Gebäck eher unangenehm. Alternative Süßungsmittel enthalten neben Fruchtzucker, Invertzucker und anderen Zuckern auch Saccharose, also ganz normalen Haushaltszucker. Sie können aufgrund ihrer meist höheren Süßkraft bzw. ihres stärkeren Eigengeschmacks sparsamer verwendet werden. Zur knappen Verwendung erzieht auch der höhere Preis.

Beliebte Süßen – Dicksaft und Kraut

Neben Honig, Malzextrakten oder Trockenfrüchten werden Dicksaft, Sirup und Kraut häufig als Alternativen für den weißen Kristallzucker verwendet.
Dicksäfte werden, wie der Name sagt, aus Fruchtsäften eingedickt. Dazu wird der Saft ausgepresst und schonend gedampft. Einem ähnlichen Herstellungsverfah-

ren unterliegt Obstkraut. Dicksaft und Kraut sind reich an Fruchtzuckern, Mineralstoffen und anderen Begleitstoffen. Wird Zucker zugesetzt, so muss er als Fruchtsüße deklariert werden. Dicksäfte und Kraut süßen und aromatisieren Gerichte und Süßigkeiten. Sie haben einen intensiven Eigengeschmack, so dass man automatisch behutsamer dosiert. Da sie aufgrund ihrer dickflüssigen Konsistenz kariesfördernd sind, sollten sie nur verdünnt oder gemischt mit anderen Zutaten gegessen werden.

Viele alternative Süßmittel bieten neben Süße und aromatischer Würze auch Enzyme und Mineralien.

Agavendicksaft

Die Agave ist eine Kulturpflanze aus der Familie der Agavengewächse und bevorzugt trockene Standorte in tropisch-subtropischen Ländern. Um den Saft zu gewinnen, wird die Knospe des Blütenstands herausgeschnitten. Die sich sammelnde Flüssigkeit wird abgeschöpft. Eine Pflanze liefert bis zu 50 volle Krüge. Mit einem

Auch mit Trockenfrüchten kann man süßen. Am besten sind ungeschwefelte, naturbelassene Früchte.

Fruchtzuckergehalt von mehr als 90 Prozent ist Agavendicksaft ein ideales Süßungsmittel. Da Fruchtzucker eine höhere Süßkraft als Haushaltszucker besitzt, benötigt man weniger Agavendicksaft, um die gleiche Süße zu erzielen. Das spart Kalorien. Durch seinen mild-süßen Geschmack eignet er sich als universelles Süßungsmittel für Desserts und Backwaren. Durch seine gute Löslichkeit wird er gerne zum Süßen von Getränken, wie z. B. Tee, verwendet.

Agavendicksaft ist eine interessante Alternative zu althergebrachten Diabetikersüßen. Durch seinen hohen Gehalt an Fruchtzucker ist er ebenfalls als Zuckeraustauschstoff für Diabetiker geeignet.

Ahornsirup

Ein Ahornbaum liefert, je nach klimatischen Bedingungen, zwischen 60 und 160 Liter Saft. Ahornbäume werden angebohrt, der austretende Baumsaft wird eingedickt und in Flaschen abgefüllt.
Je nach Zeitpunkt der Ernte und nach Verarbeitung ergeben sich unterschiedliche Geschmacksqualitäten, die durch so genannte Grade angegeben werden: AA, A, B, C und D. Der hellere, klare und mild schmeckende Sirup Grad A wird zu Beginn der Ernteperiode gewonnen. Gegen Ende der Erntezeit ist der Saft dunkler und schmeckt kräftiger. Ahornsirup mit dem Grad D ist äußerlich an seiner fast schwarzen Farbe erkennbar und wird vorwiegend für die Weiterverarbeitung in der Lebensmittelindustrie verwendet. Grad C enthält etwas mehr Mineralien als Grad A.

Apfelsüße

Dickflüssige Apfelsüße wird aus reinem Apfelsaft hergestellt. Diesem Saft wird in mehreren Verarbeitungsschritten nach und nach Wasser entzogen, bis er eine dickflüssige Konsistenz erhält. Apfelsüße liefert pro 100 Gramm rund 150 Kilokalorien weniger als weißer Haushaltszucker. Apfelsüße enthält pro 100 Gramm etwa 40 Gramm Fruchtzucker (Fruktose) und 25 Gramm Traubenzucker (Glukose). Die fruchtige Süße wirkt ähnlich wie Kristallzucker. Durch ihren neutralen Geschmack ist Apfelsüße ein idealer Ersatz für Zucker und in der Küche vielseitig verwendbar.

Apfel- und Birnenkraut

Obstkraut, meist aus Äpfeln oder Birnen, dient als Brotaufstrich und eignet sich als Süßmittel. Bei Apfelkraut dürfen bis zu 40 Prozent Zucker, bei Birnenkraut bis zu 30 Prozent Zucker zugesetzt werden. Falls Zucker verwendet wurde, muss er als Gesamtzuckergehalt angegeben werden. Obstkraut ohne Zuckerzusatz gibt es meist in gut sortierten Supermärkten, sicher aber in Bioläden und Reformhäusern. Hervorzuheben sind die relativ hohen Mineralstoffgehalte.
Aus Geschmacks- und Konsistenzgründen findet man im Naturkosthandel vorwiegend Krautmischungen, z. B. Rüben-Apfel-Kraut oder Birnen-Dattel-Kraut. Dattelmark ist ebenfalls ein Obstkraut, das aus dem Saft der Datteln gewonnen wird.

Honigfreunde schwärmen von der Heilkraft des Blütennektars. In vielen überlieferten indischen Heilrezepten ist Honig der Hauptbestandteil. Auch wir schätzen heute z. B. warme Milch mit Honig zum Entspannen, als Einschlafhilfe oder gegen grippale Infekte.

Honig

Das Sammelgut der Bienen nutzen Imker schon seit 15 000 Jahren. Heute wie früher wird Honig auch als Heilmittel eingesetzt. Natürlich gewonnen und reich an Enzymen, Aromen und Säuren, zählt Honig zu den wenigen echten Naturprodukten. Es ist gesetzlich verboten, ihm Inhaltsstoffe zu entziehen oder Stoffe zuzusetzen, die Konsistenz, Farbe, Haltbarkeit oder Aroma verändern könnten. Trotz aller positiven Inhaltsstoffe – für die Zähne ist Honig schädlicher als Zucker. Durch seine Klebrigkeit haftet er länger an den Zähnen und wirkt somit verstärkt auf sie ein.

Malzextrakt

Malzextrakt ist ein beliebtes Süßmittel der alternativen Küche und stammt aus Japan. Malzextrakt wird überwiegend aus Gerste gewonnen, aber auch aus anderen Getreidearten wie Mais, Reis oder Weizen. Der hohe Gehalt an Maltose (Malzzucker) bedingt eine leicht abführende Wirkung.

Achtung! Für Menschen mit einer Unverträglichkeit gegen Gluten ist nur das reine Vollreismalz, ohne Zusatz von glutenhaltiger Gerste, geeignet. Unter dem Namen »Amazake« ist es ebenfalls im Fachhandel erhältlich.

Gerstenmalz

Gerste wird eingeweicht, gekeimt und getrocknet. Es entsteht Gerstenmalz mit 39 Prozent Malzzucker und fünf Prozent Traubenzucker. Gerstenmalz schmeckt süß und malzig-herb. Zum Süßen ist Gerstenmalz weniger geeignet. Ein Teelöffel pro Kilogramm Mehl sorgt für besonders lockere Brote und Brötchen. In der alternativen Küche wird der dicke Sirup aus Gerstenkörnern wie Obstkraut verwendet. Gerstenmalzextrakt wird in schonenden Verfahren aus Gerstenmalz gewonnen.

Vollreismalz

Für Vollreismalz wird Naturreis zu einem weichen Brei gekocht und mit Gerstenmalz gemischt. Dadurch wandelt sich die Reisstärke in süßen Malzzucker um. Vollreismalz enthält ca. 45 Prozent Malzzucker, drei bis vier Prozent Glukose und 20 Prozent Wasser. In Vollreismalz stecken B-Vitamine und Mineralstoffe, die aus dem verarbeiteten Reis stammen. Vollreismalz hat einen leicht nussigen und karamellartigen Geschmack.

Obstdicksaft – Apfel- und Birnendicksaft

Obstdicksäfte werden aus Fruchtrohsäften durch schonenden Entzug des Fruchtwassers erzeugt. Sie sind also eine Art Fruchtsaftkonzentrat. Rückverdünnt mit Was-

ser ergeben sie erfrischende Getränke. Diese Fruchtsaftextrakte sind je nach weiterer Verdünnung auch die Basis zur industriellen Erzeugung von Fruchtsäften aus Konzentrat, Fruchtnektaren und Erfrischungsgetränken. Durch den Herstellungsprozess gehen hitzeempfindliche Vitamine weitgehend verloren, Mineralstoffe, wie z. B. Kalzium, Kalium oder Magnesium, bleiben jedoch erhalten. Dicksäfte sind zähfließend, etwa wie flüssiger Honig. Sparsam dosiert sind Dicksäfte aus Obst eine gute Alternative zu Zucker.
Allerdings ist bei Dicksäften der Zusatz von Zuckern erlaubt. Bevorzugen Sie deshalb ungezuckerte Säfte, z. B. aus dem Naturkosthandel. Sie enthalten etwa 85 Prozent fruchteigenen Zucker.

Trockenfrüchte verfeinern nicht nur Hefekuchen, sondern eignen sich ebenso für Mürbe- und Quark-Öl-Teige. Für alle Teigarten gilt: Wenn Sie Zucker im Kuchen reduzieren möchten, ersetzen Sie höchstens die Hälfte davon durch getrocknete Früchte.

Trockenfrüchte

Das Trocknen ist eines der ersten Konservierungsverfahren von Lebensmitteln. Datteln, Feigen, Aprikosen und Johannisbrot (Carob) waren – und sind – energiereicher Proviant. Trockenfrüchte enthalten nur noch

Pech mit Schwefel – bei Trockenfrüchten

Getrocknete Früchte, die geschwefelt sind, verfärben und verderben nicht. Empfindliche Menschen reagieren allerdings auf Schwefeldioxid (E 220) mit Kopfschmerzen, Übelkeit und Durchfall. Außerdem zerstört Schwefeldioxid im Körper das Vitamin B1. Trockenfrüchte aus konventionellem Anbau dürfen mit einem Gehalt von bis zu zehn Milligramm Schwefeldioxid pro Kilogramm immer noch als »ungeschwefelt« deklariert werden. Hersteller des Bundesverbandes Naturkost Naturwaren (BNN) verwenden kein Schwefeldioxid.

etwa 15 bis 25 Prozent Wasser, wertvolle Vitamine und Mineralstoffe sowie verdauungsfördernde Ballaststoffe. Von getrockneten Apfelringen bis hin zu Rosinen – sie versüßen Kuchen, Brot, Gebäck oder werden als kleine Knabberei genascht. Bitter ist nur der recht hohe Zuckeranteil, der Werte bis zu 64 Prozent aufweist. Heute erweitern getrocknete Bananenchips, Ananas, Papayas, Kirschen, Beeren und Mangos das Angebot und bieten für jeden Geschmack etwas.

Vollzucker eignet sich mit seinem karamellartigen Geschmack besonders gut zum Backen. Ebenso wie Vollrohrzucker sollte er trocken und gut verschlossen aufbewahrt werden, da diese Sorten leicht klumpen.

Vollzucker und Vollrohrzucker

Vollzucker lässt sich aus Zuckerrüben durch Pressung und anschließende schonende Trocknung gewinnen. Die an den Pflanzenfasern haftenden Bitterstoffe werden durch sanftes Schleudern (Zentrifugieren) entfernt. Die Masse wird über Sprühtürmen ausgeblasen, wobei die Flüssigkeit verdampft und feine Zuckerkristalle entstehen. Mineralstoffe und Spurenelemente bleiben dabei erhalten. Vollrohrzucker ist getrockneter Saft des tropischen Zuckerrohrs.

Vollzuckersorten – ein Hauch von Karamell

Im Gegensatz zu Zuckerrohr- und Rübenzucker entfallen bei beiden Vollzuckersorten die Raffinationsschritte. Dadurch bleiben die natürlichen Mineralstoffe und geringe Spuren von Vitaminen erhalten. Aufgrund ihrer guten Löslichkeit und ihres leicht karamellartigen Geschmacks eignen sie sich zum Süßen von Desserts, Gerichten und Getränken.

Zuckerrohrmelasse

Zuckerrohrmelasse ist der nicht kristallisierbare braune Rückstand, der bei der Zuckerherstellung anfällt und eher als Nebenprodukt gilt. Melasse hat ein starkes lakritzähnliches Aroma. Das schmeckt nicht jedem Gaumen, passt aber gut zu Gewürzkuchen. Da Zuckerrohrmelasse nur halb so süß ist wie Zucker, sollte man nur ein Drittel der Zuckermenge durch Melasse ersetzen. Liebhaber preisen den hohen Mineralstoffgehalt. Mit ihrem relativ hohen Gehalt an Kalium, Magnesium, Kalzium, Phosphor und Eisen ist die Zuckerrohrmelasse in der Tat ein beachtlicher Mineralspender.

Zuckerrübensirup passt gut in Teige für Brot und Hefekuchen mit Äpfeln. Heller Sirup schmeckt milder und süßer als der dunkle, würzigere Sirup.

Zuckerrübensirup

Rübensirup ist der naturreine, eingedickte Saft der Zuckerrübe. Die Rüben werden gewaschen, zerkleinert, gekocht und ausgepresst. Während des Kochprozesses erhält der Zuckerrübensirup seine typische Färbung. Der beim Pressen der Rübenschnitzel abfließende Saft wird schließlich gereinigt und eingedampft. Zuckerrübensirup ist u. a. auch als Rübensaft oder Zuckerrübenkraut bekannt. Als traditionellen und beliebten Brotaufstrich verwendet man ihn vor allem im Rheinland. In den letzten Jahren wurde er jedoch zunehmend als alternatives Süßungsmittel entdeckt. Im Gegensatz zu anderen natürlichen Süßungsmitteln enthält Zuckerrübensirup hohe Kalium- und Eisenmengen.

Zuckerrübensirup ist vielseitig verwendbar – er eignet sich als Zuckerersatz für Gebäck und Kuchen, als Brotaufstrich oder zum Süßen von Desserts, Süßspeisen oder Eis. Aufgrund seiner zähflüssige Konsistenz verbindet er sich gut mit anderen feuchten Lebensmitteln, wie z. B. Quark oder Obstsalat. Da er neben den Zuckern auch Pektine enthält, die gelierende Eigenschaften besitzen, eignet sich Zuckerrübensirup hervorragend zum Eindicken von Saucen (z. B. Wild- oder Fruchtsauce). Seine Verwendung in der Küche macht andere Geliermittel häufig überflüssig.

Kuchen, Backwaren und Plätzchen

Bei süßen Sachen die Gesundheit nicht außer Acht zu lassen ist nicht immer einfach. Vor allem bei Kuchen, Torten und Plätzchen geht es nicht nur darum, dass sie beim Verzicht auf Zucker noch süß genug sind, oft spielt auch einfach seine Masse eine Rolle beim Gelingen. Ist man sich dieser Problematik bewusst, lassen sich hierfür Lösungen in Form einer Vielzahl schmackhafter Gerichte finden. Das gilt für Backwaren im Allgemeinen genauso wie für Plätzchen. Unter der großen Anzahl von Rezepten gibt es genügend Variationen, die mit alternativen Süßungsmitteln nicht nur ausgezeichnet schmecken, sondern auch das Auge verführen.

Süßes muss nicht nur süß sein. Kleine Törtchen mit Früchten und wenig Zucker schmecken genauso gut.

Die Nährwertangaben beziehen sich, wenn nicht anders angegeben, auf eine Portion.

Mandelmakronen

Zutaten für ca. 35 Stück

3 Eiweiße • 100 g Vollzucker • 350 g gemahlenen Mandeln
Ingwerpulver • 35 Oblaten

Zubereitungszeit: 50 Minuten

1 Das Eiweiß steif schlagen und nach und nach den Vollzucker einrühren. Die Mandeln unterheben und mit Ingwerpulver würzen.

2 Den Backofen auf 150 °C (Gas Stufe 1, Umluft 140 °C) vorheizen. Ein Blech mit Backpapier auslegen und die Oblaten darauf verteilen.

3 Den Teig in einen Spritzbeutel mit großer Lochtülle füllen und auf die Oblaten spritzen. 35 Minuten backen und sofort vom Blech lösen.

307/73 kJ/kcal
2 g Eiweiß
5 g Fett
4 g Kohlenhydrate
2 g Ballaststoffe
0 mg Cholesterin
0,3 BE

Kürbispie

Zubereitungszeit: 1 Stunde und 30 Minuten

Zutaten für 8 Stücke

600 g Kürbisfruchtfleisch • 200 g Mehl • 2 EL Apfelsüße Salz • 4 Eier • 50 g Butterschmalz • 100 g Butter • Butter für die Form • getrocknete Erbsen zum Blindbacken 60 g Zuckerrübensirup • 50 g Ahornsirup • gemahlene Nelken • Muskatblüte

1491/356 kJ/kcal
7 g Eiweiß
21 g Fett
34 g Kohlenhydrate
2 g Ballaststoffe
173 mg Cholesterin
2,8 BE

1 Das Kürbisfruchtfleisch bei 180 °C (Gas Stufe 2–3, Umluft 160 °C) 50 Minuten im Backofen garen. Anschließend abkühlen lassen.

2 Das Mehl in eine Schüssel sieben. In die Mitte eine Mulde drücken und Apfelsüße, Salz und 1 Ei hineingeben. Butterschmalz und 50 Gramm Butter als Flöckchen auf dem Rand verteilen. Rasch zu einem geschmeidigen Teig verkneten und in Folie gewickelt 30 Minuten im Kühlschrank ruhen lassen.

3 Den Teig nochmals durchkneten, 2/3 davon ausrollen und in eine gebutterte Pieform von 28 Zentimeter Durchmesser legen. Den Backofen auf 180 °C (Gas Stufe 2–3, Umluft 160 °C) vorheizen. Den Teigboden mit getrockneten Erbsen belegen und 15 Minuten blindbacken.

4 In der Zwischenzeit das Kürbisfruchtfleisch mit einem Mixstab pürieren. Die restlichen Eier trennen. 2 Eigelbe mit Zuckerrübensirup, Ahornsirup und den Gewürzen zum Kürbisfleisch geben. Die verbliebene Butter zerlassen und ebenfalls hinzufügen.

5 Das Eiweiß steif schlagen, unter die Kürbismasse heben und auf den Pieboden füllen. Den restlichen Teig ausrollen und als Deckel darauf setzen. Mit einer Gabel mehrmals einstechen.

6 Das verbliebene Eigelb mit 2 Esslöffeln Wasser verschlagen und den Kuchen damit einpinseln. Die Kürbispie in 15 Minuten fertig backen.

Himbeertartes mit Minzeschaum

Zutaten für 4 Personen

200 g Mehl • 2 EL Apfelsüße • Salz • 4 Eier • 100 g Butter Butter für die Formen • getrocknete Erbsen zum Blindbacken • 300 g Himbeeren • 300 g Sahne • 50 g Vollzucker 1 EL Speisestärke • 1/2 Bund Minze • 1 EL Apfeldicksaft

Zubereitungszeit: 1 Stunde und 30 Minuten

1 Das Mehl in eine Schüssel sieben. In die Mitte Apfelsüße, Salz und 1 Ei hineingeben. Die Butter als Flöckchen auf dem Rand verteilen. Rasch zu einem Teig verkneten und in Folie gewickelt 30 Minuten kühl stellen.

2 Den Teig nochmals durchkneten, ausrollen und in vier gebutterte Tarteformen von 12 Zentimeter Durchmesser legen. Den Backofen auf 200 °C (Gas Stufe 3–4, Umluft 180 °C) vorheizen. Die Tarteböden mit den Erbsen belegen und 20 Minuten blindbacken.

3 Die Himbeeren waschen und verlesen.

4 Die restlichen Eier mit 150 Gramm Sahne, Vollzucker und Speisestärke verrühren.

5 Die Himbeeren auf die Tarteböden verteilen, mit der Eimasse begießen und 30 Minuten bei 180 °C (Gas Stufe 2–3, Umluft 160 °C) backen.

6 In der Zwischenzeit die Minzeblätter fein hacken. Restliche Sahne mit dem Apfeldicksaft halbfest schlagen, die Minze hinzufügen und vermischen.

7 Himbeertartes aus dem Ofen nehmen und mit Minzeschaum servieren.

3436/820 kJ/kcal
16 g Eiweiß
55 g Fett
66 g Kohlenhydrate
7 g Ballaststoffe
377 mg Cholesterin
5,5 BE

Brownies

Zubereitungszeit: 60 Minuten

Zutaten für 20 Stück

90 g Butter • 185 g Vollzucker • Mark von 1/2 Vanilleschote
200 g Zartbitterschokolade mit Vollzucker • 2 Eier
100 g Walnüsse (ersatzweise Haselnusskerne) • 185 g Mehl
2 Messerspitzen Backpulver • 1 Prise Jodsalz

Pro Stück:
177/740 kJ/kcal
3 g Eiweiß
9 g Fett
20 g Kohlenhydrate
2 g Ballaststoffe
35 mg Cholesterin
1,7 BE

1 Die Butter mit 100 Milliliter Wasser schmelzen lassen. Zucker und Vanillemark zugeben und unter Rühren auflösen.

2 Die Hälfte der Schokolade zugeben und schmelzen. In eine Rührschüssel geben und die Eier unterrühren.

3 Nüsse und restliche Schokolade fein hacken. Mehl, Backpulver und Salz unter die Masse rühren. Nüsse und Schokolade unterheben.

4 Teig in eine kleine ausgefettete Kuchenform geben und die Brownies bei 160 °C (Gas Stufe 1–2; Umluft 140 °C,) in etwa 40 Minuten backen.

5 Brownies abkühlen lassen und in Quadrate von 4 Zentimeter Seitenlänge schneiden.

Hin und wieder darf man sich ruhig einen Brownie leisten – auch wenn er viele Kalorien hat.

Orangenringe

Zutaten für ca. 40 Stück
300 g Mehl • Mehl zum Ausrollen • 50 g Vollzucker • Salz
3 Eigelbe • abgeriebene Schale von 1 Orange • 200 g Butter
150 g Aprikosen • 50 g Birnendicksaft • 1 Vanilleschote
1 EL Milch • 100 g bittere Orangenmarmelade

Zubereitungszeit: 1 Stunde und 45 Minuten

1 Mehl in eine Schüssel geben und eine Mulde in die Mitte drücken. Vollzucker, Salz, 2 Eigelbe und Orangenschale hineingeben. Die Butter in Flöckchen auf den Rand setzen. Alle Zutaten zu einem glatten Teig verkneten. In Folie wickeln und im Kühlschrank 30 Minuten ruhen lassen.

2 In der Zwischenzeit die Aprikosen schälen, entsteinen, vierteln, mit Birnendicksaft in 10 Minuten weich dünsten und mit einem Mixstab pürieren. Die Vanilleschote längs aufschlitzen und das Mark herauskratzen.

3 Ein Backblech mit Backpapier auslegen. Den Teig auf einer bemehlten Arbeitsfläche 2 Millimeter dick ausrollen.

4 Mit einem gezackten Ausstecher von 6 Zentimeter Durchmesser etwa 80 Plätzchen ausstechen. Auf das Blech legen und die Hälfte mit einem runden Ausstecher von 2 Zentimeter Durchmesser mit einem Loch in der Mitte versehen. Aus den Teigresten weitere Plätzchen formen.

5 Den Backofen auf 180 °C (Gas Stufe 2–3, Umluft 160 °C) vorheizen. Milch mit dem restlichen Eigelb und Vanillemark verrühren, die Plätzchen damit bestreichen und 10 Minuten backen.

6 Herausnehmen und die Böden mit der Orangenmarmelade bestreichen. Die Lochringe darauf setzen und das Aprikosenmus hineinfüllen.

284/68 kJ/kcal
1 g Eiweiß
4 g Fett
8 g Kohlenhydrate
0 g Ballaststoffe
22 mg Cholesterin
0,6 BE

Tipp: Wenn Sie den Teig zwischen Klarsichtfolienstücke legen, lässt er sich besonders gut dünn ausrollen.

Käsesahne mit Himbeeren

Zubereitungszeit: 45 Minuten plus 30 Minuten Ruhezeit

Zutaten für 12 Stücke

200 g Mehl • Mehl zum Ausrollen • 2 EL Apfelsüße • Salz 5 Eigelbe • 120 g Butter • 250 g Himbeeren • 9 Blatt Gelatine 250 ml Milch • 100 g Vollzucker • abgeriebene Schale von 1 Zitrone • 250 g Sahne • 500 g Magerquark • 100 g gehackte Pistazien

1533/366 kJ/kcal
13 g Eiweiß
22 g Fett
29 g Kohlenhydrate
3 g Ballaststoffe
135 mg Cholesterin
2,4 BE

1 Das Mehl in eine Schüssel sieben. In die Mitte des Mehls eine Mulde drücken und dort Apfelsüße, Salz und 1 Eigelb hineingeben. Die Butter als Flöckchen auf dem Rand verteilen. Rasch zu einem geschmeidigen Teig verkneten und in Folie gewickelt 30 Minuten im Kühlschrank ruhen lassen.

2 Den Teig nochmals durchkneten und auf einer bemehlten Arbeitsfläche zu 2 Böden von jeweils 26 Zentimeter Durchmesser ausrollen. Beide Böden auf ein Blech legen und im Backofen bei 200 °C (Gas Stufe 3–4, Umluft 180 °C) 10 Minuten backen. Den einen Boden sofort in 12 Teile schneiden. Abkühlen lassen.

3 Die Himbeeren waschen und verlesen. Die Gelatine in etwas kaltem Wasser einweichen. Milch mit Zucker, Zitronenschale und restlichen Eigelben unter ständigem Rühren aufkochen. Vom Herd nehmen. Die Gelatine ausdrücken und in der Milch auflösen. Abkühlen lassen.

4 Die Sahne steif schlagen. Den Quark mit der Eiermilch verrühren, die Himbeeren zufügen und die Sahne unterheben.

5 Den ganzen Teigboden in einen Tortenring legen. Die Himbeercreme hineinfüllen und glatt streichen. Im Kühlschrank fest werden lassen.

6 Den Tortenring entfernen, den Rand mit den gehackten Pistazien bestreuen und den Kuchen mit den Mürbeteigstücken belegen.

Tarte mit Zimtbirnen

Zutaten für 8 Stücke
100 g Mehl • 2 EL Apfelsüße • Salz • 2 Eier • 50 g Butter • Butter für die Form • 2 Birnen • 4 cm Zimtstange • 50 g Birnendicksaft • getrocknete Erbsen zum Blindbacken
100 g Mascarpone • 2 EL Honig • Zimt • Kakaopulver

Zubereitungszeit: 45 Minuten plus 30 Minuten Ruhezeit

1 Das Mehl in eine Schüssel sieben. In die Mitte eine Mulde drücken und Apfelsüße, Salz und 1 Ei hineingeben. Die Butter als Flöckchen auf dem Rand verteilen. Rasch zu einem Teig verkneten und in Folie gewickelt 30 Minuten kühl stellen.
2 Die Birnen schälen, halbieren und entkernen. 150 Milliliter Wasser mit Zimt und Birnensaft aufkochen. Birnen zugeben und 5 Minuten garen, herausnehmen und abtropfen lassen.
3 Den Teig nochmals durchkneten, ausrollen und in eine gebutterte Tarteform von 28 Zentimeter Durchmesser legen. Den Backofen auf 200 °C (Gas Stufe 3–4, Umluft 180 °C) vorheizen. Den Teig mit den getrockneten Erbsen belegen und 10 Minuten blindbacken.
4 Das verbliebene Ei trennen. Das Eigelb mit Mascarpone, Honig, Zimt und Kakaopulver verrühren. Das Eiweiß steif schlagen und unterheben.
5 Den Tarteboden mit der Hälfte der Mascarponemasse bestreichen und mit den Birnenhälften belegen. Mit der restlichen Creme bedecken und in 10 Minuten fertig backen.

923/221 kJ/kcal
5 g Eiweiß
13 g Fett
22 g Kohlenhydrate
1 g Ballaststoffe
93 mg Cholesterin
1,8 BE

Eclairs mit Mascarponefüllung und Brombeeren

Zubereitungszeit: 1 Stunde

Zutaten für 4 Personen

6 Blatt Gelatine • 200 g Mascarpone • 50 g Honig
1 TL Zitronensaft • 100 g Sahne • 50 g Butter • 150 g Mehl
4 Eier • 150 g Brombeeren

2643/631 kJ/kcal
20 g Eiweiß
44 g Fett
40 g Kohlenhydrate
4 g Ballaststoffe
351 mg Cholesterin
3,3 BE

1 Die Gelatine in etwas kaltem Wasser einweichen lassen.

2 Mascarpone mit Honig und Zitronensaft glatt rühren. Die Sahne steif schlagen und unterheben.

3 Gelatine ausdrücken, in wenig warmem Wasser auflösen und unter die Mascarponecreme mischen. Kühl stellen.

4 Die Butter mit 250 Milliliter Wasser aufkochen. Das Mehl auf einmal hineinschütten und unter ständigem Rühren erhitzen, bis sich der Teig als ein Klumpen vom Topfboden löst. Vom Herd nehmen.

5 1 Ei sofort einarbeiten und den Teig etwas abkühlen lassen. Die restlichen Eier nacheinander unterziehen.

6 Den Backofen auf 200 °C (Gas Stufe 3–4, Umluft 180 °C) vorheizen. Ein Blech mit Backpapier auslegen. Den Teig in einen Spritzbeutel mit großer, gezackter Lochtülle füllen, Streifen von 10 Zentimeter Länge auf das Blech spritzen und 25 Minuten backen. Sofort quer durchschneiden und abkühlen lassen.

7 Die Brombeeren waschen, verlesen und auf Küchenpapier abtropfen lassen.

8 Die Mascarponecreme in einen Spritzbeutel mit großer, gezackter Lochtülle füllen und auf die unteren Eclairhälften spritzen. Einige Brombeeren hineindrücken und mit den oberen Gebäckteilen bedecken.

Eierlikörkonfekt

Zutaten für ca. 20 Stück
125 g Halbbitterkuvertüre • 125 g Butterschmalz • 100 g Vollzucker • 150 g geriebene Mandeln • 3 EL Eierlikör • gehackte Pistazien oder Kakaopulver

Zubereitungszeit: 25 Minuten

1 Die Halbbitterkuvertüre in einen Topf geben und unter ständigem Rühren schmelzen, aber nicht kochen.
2 Das Butterschmalz zerlassen und mit der Kuvertüre vermischen. Vollzucker hinzufügen und auflösen. Mandeln und Eierlikör unterrühren. Die Masse kalt stellen.
3 Mit einem Teelöffel kleine Portionen abstechen und Kugeln von etwa 2 Zentimeter Durchmesser formen.
4 Die Kugeln in Pistazien oder Kakaopulver wälzen und kalt stellen.

Pro Stück:
677/162 kJ/kcal
2 g Eiweiß
12 g Fett
9 g Kohlenhydrate
1 g Ballaststoffe
22 mg Cholesterin
0,8 BE

Das Eierlikörkonfekt sollten Sie gleich nach dem Formen kalt stellen.

Böhmische Topfenkolatschen

Zubereitungszeit: 1 Stunde plus 50 Minuten Ruhezeit

Zutaten für 20 Stück
500 g Mehl • Mehl zum Ausrollen • 40 g Hefe
300 ml Milch • 1 Ei • 100 g Butter • Salz • 50 g Apfelsüße
1 Vanilleschote • abgeriebene Schale von 1 Zitrone
250 g Magerquark • 40 g Honig • 3 Eigelbe • 40 g Rosinen
1 EL Vanillepuddingpulver • Piment

757/181 kJ/kcal
6 g Eiweiß
6 g Fett
24 g Kohlenhydrate
1 g Ballaststoffe
58 mg Cholesterin
2,1 BE

1 Das Mehl in eine Schüssel sieben. In die Mitte eine Mulde drücken. Die Hefe hineinbröseln und mit etwas Mehl und 2 Esslöffeln Milch verrühren. Zugedeckt an einem warmen Ort 20 Minuten gehen lassen.

2 Die restliche Milch, Ei, 50 Gramm zerlassene Butter, Salz, Apfelsüße, Vanillemark und Zitronenschale zugeben und verkneten, bis der Teig Blasen wirft. Nochmals 20 Minuten gehen lassen.

3 Für die Füllung die restliche Butter schmelzen und mit Quark, Honig, 2 Eigelben, Rosinen, Vanillepuddingpulver und Piment verrühren.

4 Den Hefeteig auf einer bemehlten Arbeitsfläche ausrollen und 20 Quadrate von 8 Zentimeter Seitenlänge ausschneiden.

5 In die Mitte der Teigflächen jeweils 1 Esslöffel der Quarkfüllung geben und die Ecken zusammenklappen. Die Füllung dabei aber nicht ganz bedecken.

6 Ein Backblech mit Backpapier auslegen und die Taschen darauf legen. Nochmals 10 Minuten ruhen lassen.

7 Den Backofen auf 200 °C (Gas Stufe 3–4, Umluft 180 °C) vorheizen. Das letzte Eigelb mit 1 Esslöffel Wasser verrühren und die Topfenkolatschen damit bestreichen. In den Ofen schieben und 25 Minuten backen.

Brandteigringe mit Quark

Zutaten für 4 Personen
50 g Butter • 150 g Mehl • 4 Eier • 50 g blättrige Mandeln 400 g Stachelbeeren • 100 g Birnendicksaft • 1 EL Speisestärke • 250 g Quark • 50 g Honig • 1 EL Orangensaft 250 g Sahne

Zubereitungszeit: 45 Minuten

1 Die Butter mit 250 Milliliter Wasser aufkochen. Das Mehl auf einmal hineinschütten und unter Rühren erhitzen, bis sich der Teig als ein Klumpen vom Topfboden löst. Vom Herd nehmen.

2 1 Ei sofort einarbeiten und den Teig etwas abkühlen lassen. Die restlichen Eier nacheinander unterziehen.

3 Den Backofen auf 200 °C (Gas Stufe 3–4, Umluft 180 °C) vorheizen. Ein Blech mit Backpapier auslegen. Den Teig in einen Spritzbeutel mit großer, gezackter Lochtülle füllen und 8 Ringe auf das Blech spritzen. Mit Mandeln bestreuen und 25 Minuten backen. Sofort quer durchschneiden und abkühlen lassen.

4 Die Stachelbeeren waschen und putzen. 125 Milliliter Wasser mit Birnendicksaft aufkochen, die Stachelbeeren zugeben und 5 Minuten garen. Abgießen, den Saft dabei auffangen.

5 Die Speisestärke in 2 Esslöffel Stachelbeersud auflösen. Die restliche Flüssigkeit aufkochen und mit der Speisestärke andicken. Die Beeren wieder hinzufügen.

6 Quark mit Honig und Orangensaft vermischen. Die Sahne steif schlagen und unter die Quarkmasse heben.

7 Die untere Hälfte der Ringe mit der Quarkcreme bestreichen, mit den Stachelbeeren belegen und die oberen Ringhälften auflegen.

3118/744 kJ/kcal
25 g Eiweiß
43 g Fett
63 g Kohlenhydrate
6 g Ballaststoffe
324 mg Cholesterin
5,2 BE

Nougatchips

Zubereitungszeit: 30 Minuten

Zutaten für ca. 40 Stück
1/2 Vanilleschote • 100 g Butter • 75 g Vollzucker • 2 EL Honig 1 EL Ahornsirup • 1 Ei • 100 g Nougat • 50 g gehackte Walnüsse • 175 g Mehl • 1 TL Backpulver

283/68 kJ/kcal
1 g Eiweiß
4 g Fett
8 g Kohlenhydrate
0 g Ballaststoffe
12 mg Cholesterin
0,7 BE

1 Die Vanilleschote längs aufschlitzen und das Mark herauskratzen.
2 Die Butter schaumig schlagen und nacheinander Vanillemark, Vollzucker, Honig, Ahornsirup und Ei einrühren.
3 Nougat und Walnusskerne unterheben. Das Mehl mit dem Backpulver vermischen und in den Teig einarbeiten.
4 Den Ofen auf 200 °C (Gas Stufe 3–4, Umluft 180 °C) vorheizen. Ein Blech mit Backpapier auslegen. Mit 2 Teelöffeln kleine Teighäufchen auf das Blech setzen und die Nougatchips 15 Minuten backen.

Kokoskringel

Zubereitungszeit: 50 Minuten

Zutaten für ca. 50 Stück
125 g Kokosraspeln • 50 g Apfelsüße • 4 Eigelbe • 250 g Mehl 175 g Butter • abgeriebene Schale und Saft von 1 Orange 50 g Vollzucker • 1 Eiweiß

292/70 kJ/kcal
1 g Eiweiß
5 g Fett
5 g Kohlenhydrate
1 g Ballaststoffe
26 mg Cholesterin
0,4 BE

1 100 Gramm Kokosraspeln in einer Pfanne ohne Fettzugabe anrösten. Mit Apfelsüße, Eigelben, Mehl, Butter, Orangenschale und -saft zu einem Teig verkneten.
2 Ein Blech mit Backpapier auslegen. Den Teig in einen Spritzbeutel mit großer Lochtülle füllen und Kringel auf das Blech spritzen. 5 Minuten gekühlt ruhen lassen.

3 Den Backofen auf 180 °C (Gas Stufe 2–3, Umluft 160 °C) vorheizen und die Kokoskringel 15 Minuten backen.

4 In der Zwischenzeit restliche Kokosraspeln und Vollzucker in eine Schüssel geben und gut vermischen. Das Eiweiß verschlagen.

5 Die Kokoskringel herausnehmen, noch heiß mit dem Eiweiß bestreichen und in der Kokos-Vollzucker-Mischung wenden.

Schweizer Haselnussknöchli

Zutaten für ca. 60 Stück

200 g Haselnüsse • 75 g Butter • 50 g Honig • 50 g Apfelsüße Salz • abgeriebene Schale von 1 Zitrone • 2 Eier • Zimt Nelkenpulver • 50 g gemahlene Haselnüsse • 250 g Mehl, Mehl zum Ausrollen • 2 Eiweiße

Zubereitungszeit: 40 Minuten plus 1 Stunde Ruhezeit

1 Die Haselnüsse in einer beschichteten Pfanne ohne Fettzugabe anrösten, kurz abkühlen lassen und die Haut mit den Händen abreiben.

2 Die Butter schaumig schlagen. Honig, Apfelsüße, Salz, Zitronenschale, Eier, Zimt und Nelkenpulver zugeben und verrühren.

3 Ganze und gemahlene Haselnüsse einarbeiten, Mehl hinzufügen und zu einem festen Teig verkneten. 1 Stunde im Kühlschrank ruhen lassen.

4 Den Ofen auf 200 °C (Gas Stufe 3–4, Umluft 180 °C) vorheizen. Ein Blech mit Backpapier auslegen.

5 Den Teig auf einer bemehlten Arbeitsfläche 1 Zentimeter dick ausrollen und in 2 Zentimeter breite, fingerlange Streifen schneiden. Die Knöchli auf das Blech setzen, mit Eiweiß bestreichen und 15 Minuten backen.

247/59 kJ/kcal
1 g Eiweiß
4 g Fett
5 g Kohlenhydrate
1 g Ballaststoffe
11 mg Cholesterin
0,4 BE

Honigkuchenplätzchen

Zubereitungszeit: 1 Stunde

Zutaten für ca. 60 Stück

50 g Zitronat • 25 g Orangeat • 180 g geschälte Mandeln
125 g Honig • 80 g Butter • 1 Ei • 2 EL Zuckerrohrmelasse
190 g Mehl • 1 TL Backpulver • 1 EL Pfefferkuchengewürz
abgeriebene Schale von 1 Zitrone • 1 EL Rum • 1/2 EL Kakao

49/205 kJ/kcal
1 g Eiweiß
2 g Fett
5 g Kohlenhydrate
1 g Ballaststoffe
63 mg Cholesterin
0,5 BE

1 Zitronat, Orangeat und 40 Gramm Mandeln fein hacken.

2 Honig und Butter zusammen erhitzen, gut verrühren und wieder abkühlen lassen.

3 Ei mit Zuckerrohrmelasse schaumig schlagen. Die Butter-Honig-Masse langsam unterrühren. Mehl und Backpulver sieben und in den Teig einarbeiten.

4 Pfefferkuchengewürz, Zitronenschale, Rum, Kakao, gehacktes Zitronat und Orangeat und die ge-

Honigkuchenplätzchen mit gesundem Honig schmecken nicht nur an Weihnachten.

hackten Mandeln hinzufügen und alles gut verkneten.

5 Ein Blech mit Backpapier auslegen und den Teig gleichmäßig darauf verstreichen. Mit den restlichen Mandeln belegen. Den Backofen auf 200 °C (Gas Stufe 3–4, Umluft 180 °C) vorheizen und den Honigkuchen 25 Minuten backen.

6 Aus dem Ofen nehmen, abkühlen lassen, vom Blech nehmen und in Quadrate von 4 Zentimeter Seitenlänge schneiden.

Mandeltaschen

Zutaten für ca. 24 Stück

4 Eier • 1 Vanilleschote • 150 g Mehl • Mehl zum Ausrollen 150 g Butter • 200 g gemahlene Mandeln • 75 g Honig

Zubereitungszeit: 1 Stunde plus 2 Stunden Ruhezeit

591/141 kJ/kcal
4 g Eiweiß
11 g Fett
7 g Kohlenhydrate
2 g Ballaststoffe
55 mg Cholesterin
0,6 BE

1 Die Eier trennen. Die Vanilleschote längs aufschlitzen und das Mark herauskratzen.

2 Aus Mehl, Butter und Eigelben einen Teig kneten. Zu einer Rolle von 3 Zentimeter Durchmesser formen, in 24 Scheiben schneiden und zugedeckt 2 Stunden im Kühlschrank ruhen lassen.

3 Für die Füllung die Mandeln mit Honig und Vanillemark vermischen. Das Eiweiß steif schlagen und unterheben.

4 Die Teigtaler auf einer bemehlten Arbeitsfläche dünn ausrollen und mit einem Teigschaber vom Boden lösen. Jeweils 1 Esslöffel der Mandelfüllung in die Mitte geben und die Teigränder zusammenschlagen.

5 Ein Backblech mit Backpapier auslegen. Den Backofen auf 200 °C (Gas Stufe 3–4, Umluft 180 °C) vorheizen. Die Mandeltaschen auf das Blech setzen und 20 Minuten backen.

Erdnussplätzchen

Zubereitungszeit: 45 Minuten plus 30 Minuten Ruhezeit

Zutaten für ca. 50 Stück

750 g Erdnüsse mit Schale • 50 g Zitronat • 5 Kardamomkapseln • 100 g Butter • 2 Eigelbe • 50 g Ahornsirup 2 EL Apfelsüße • 150 g Mehl

395/94 kJ/kcal
3 g Eiweiß
7 g Fett
5 g Kohlenhydrate
1 g Ballaststoffe
13 mg Cholesterin
0,4 BE

1 Die Erdnüsse aus der Schale brechen und die Haut abreiben. Die Hälfte mit einer Mandelmühle mahlen. Das Zitronat fein hacken. Die Kardamomkapseln in einem Mörser zerstoßen.

2 Butter, Eigelbe, Ahornsirup und Apfelsüße schaumig schlagen. Das Mehl hineinsieben und den Teig glatt rühren.

3 Gemahlene Erdnüsse, Zitronat und Kardamom zugeben und alles verkneten. Den Teig in Folie wickeln und 30 Minuten im Kühlschrank ruhen lassen.

4 Ein Backblech mit Backpapier auslegen. 50 Kugeln von 3 Zentimeter Durchmesser aus dem Teig formen, auf das Blech setzen und flach drücken. Die restlichen Erdnüsse auf die Plätzchen verteilen.

5 Den Backofen auf 200 °C (Gas Stufe 3–4, Umluft 180 °C) vorheizen und die Plätzchen 15 Minuten backen.

Macadamiamonde

Zubereitungszeit: 45 Minuten plus 45 Minuten Ruhezeit

Zutaten für ca. 50 Stück

1 Vanilleschote • 150 g Macadamianüsse • 175 g Mehl • 2 Eigelbe • Salz • Muskatblüte • 50 g Ahornsirup • 125 g Butter

1 Die Vanilleschote längs aufschlitzen und das Mark herauskratzen. Die Macadamianüsse mahlen.

2 Mehl in eine Schüssel sieben und mit den gemahlenen Nüssen vermischen. Eine Mulde in die Mitte drücken und Eigelbe, Salz, Muskatblüte und Ahornsirup hineingeben. Die Butter in Flöckchen auf den Rand setzen und zu einem glatten, weichen Teig verkneten.

3 2 Rollen von 3 Zentimeter Durchmesser formen, in Folie wickeln und 30 Minuten kühl stellen.

4 Den Teig in 1 Zentimeter dicke Scheiben schneiden und zu Hörnchen formen. Zwei Backbleche mit Backpapier auslegen und die Monde in reichlichem Abstand darauf legen. Nochmals 15 Minuten im Kühlschrank ruhen lassen.

5 Den Backofen auf 180 °C (Gas Stufe 2–3, Umluft 160 °C) vorheizen und die Macadamiamonde 15 Minuten backen.

233/56 kJ/kcal
1 g Eiweiß
4 g Fett
3 g Kohlenhydrate
0 g Ballaststoffe
15 mg Cholesterin
0,3 BE

Carobbusserl

Zutaten für ca. 30 Stück

4 Eiweiße • 180 g Vollzucker • 400 g geriebene Nüsse 2 TL Zimt • 1 TL Zitronenaroma • 2 gestrichene TL Carobpulver • 1 EL Zitronensaft • 30 runde Oblaten

Zubereitungszeit: 45 Minuten plus 1 Stunde Ruhezeit

1 Das Eiweiß mit dem Vollzucker steif schlagen. Alle anderen Zutaten nach und nach vorsichtig unterheben. Den Teig 1 Stunde ruhen lassen.

2 Mit einem Teelöffel Teighäufchen auf die Oblaten geben und bei 180 °C (Gas Stufe 2–3, Umluft 160 °C) 15 Minuten backen.

Tipp Stört bei den Carobbusserln ein überstehender Oblatenrand, so kann dieser nach dem Backen abgebrochen werden.

Pro Stück:
410/98 kJ/kcal
3 g Eiweiß
6 g Fett
8 g Kohlenhydrate
1 g Ballaststoffe
0 mg Cholesterin
0,7 BE

Aprikosen-Mohn-Plätzchen

Zubereitungszeit: 1 Stunde und 15 Minuten plus 2 Stunden Ruhezeit

314/75 kJ/kcal
2 g Eiweiß
5 g Fett
6 g Kohlenhydrate
1 g Ballaststoffe
27 mg Cholesterin
0,5 BE

Zutaten für ca. 50 Stück

2 Vanilleschoten • 125 g Butter • 50 g Honig • 5 Eigelbe abgeriebene Schale von 2 Orangen • 275 g Mehl 1 Messerspitze Backpulver • 100 g Aprikosen • 2 EL Birnendicksaft • 100 g Mohnback (Fertigprodukt) • Zimt • 100 g gemahlene Mandeln • 50 g blättrige Mandeln

1 Die Vanilleschoten längs aufschlitzen und das Mark herauskratzen.

2 Butter, Honig und 2 Eigelbe schaumig schlagen. Vanillemark und Orangenschale untermischen. Mehl und Backpulver dazusieben und alles zu einem glatten Teig verkneten. In Folie wickeln und 2 Stunden gekühlt ruhen lassen.

3 Die Aprikosen schälen, entsteinen, vierteln, mit Birnendicksaft in 10 Mi-

Aprikosen enthalten große Mengen an Niazin, Folsäure, Pantothensäure und Vitamin C.

nuten weich dünsten und anschließend pürieren. Mit Mohnback, Zimt, gemahlenen Mandeln und 1 Eigelb verrühren.

4 Den Teig zwischen 2 Bogen Backpapier 1/2 Zentimeter dick ausrollen. Den oberen Bogen abziehen und mit einem gezackten Ausstecher eng aneinander Plätzchen von 5 Zentimeter Durchmesser ausstechen. Die Teigreste aus den Zwischenräumen entfernen.

5 Die restlichen Eigelbe verquirlen und die Ringe damit bestreichen. Mit den Mandelblättchen belegen und nochmals mit Eigelb bepinseln. Jeweils eine kleine Kugel der Mohnmasse auf die Plätzchen setzen. Zügig arbeiten, da der Teig nicht zu warm werden darf.

6 Den Backofen auf 200 °C (Gas Stufe 3–4, Umluft 180 °C) vorheizen und die Plätzchen 10 Minuten backen.

Mandelwaffeln

Zutaten für 4 Personen

20 g Hefe • 200 ml Milch • 150 g gemahlene Mandeln 170 g Weizenvollkornmehl • 3 Eier • 70 g Butter • abgeriebene Schale von 1 Zitrone • 1 EL Steviapulver • 2 EL Öl

Zubereitungszeit: 35 Minuten plus 45 Minuten Ruhezeit

1 Die Hefe zerbröseln und mit der Milch verrühren. Mandeln, Mehl und Eier einrühren.

2 Die Butter zerlassen und mit Zitronenschale und Steviapulver zum Teig geben. Den sehr weichen Hefeteig bei Zimmertemperatur 45 Minuten gehen lassen.

3 Das Waffeleisen auf Betriebstemperatur aufheizen und mit Öl einpinseln. Jeweils 4 Esslöffel Mandelteig auf das Waffeleisen geben und hellbraune Waffeln backen.

2722/650 kJ/kcal
21 g Eiweiß
49 g Fett
32 g Kohlenhydrate
10 g Ballaststoffe
227 mg Cholesterin
2,7 BE

Anisschäumchen

Zubereitungszeit: 2 Stunden und 15 Minuten

34/8 kJ/kcal
1 g Eiweiß
0 g Fett
1 g Kohlenhydrate
0 g Ballaststoffe
0 mg Cholesterin
0,1 BE

Zutaten für ca. 45 Stück
6 Eiweiße • 60 g Vollzucker • Salz • abgeriebene Schale von 1 Zitrone • 1 TL gemahlener Anis

1 Einen Spritzbeutel mit Sterntülle in den Kühlschrank legen. Er muss zum Bearbeiten der Eiweißmasse kalt sein.

2 Das Eiweiß sehr steif schlagen, dabei den Vollzucker und das Salz langsam einrieseln lassen. Zitronenschale und Anis unterheben.

3 Ein Backblech mit Backpapier auslegen. Die Eiweißmasse in den gekühlten Spritzbeutel füllen und etwa 45 Ringe auf das Blech spritzen.

4 Den Backofen auf 100 °C (Gas Stufe 1, Umluft 80 °C) vorheizen und die Anisschäumchen darin 2 Stunden backen.

Pflaumenwähe

Zubereitungszeit: 1 Stunde und 30 Minuten plus 1 Stunde Ruhezeit

Zutaten für 8–12 Stücke
250 g Mehl • Mehl zum Ausrollen • 20 g Hefe 100 ml Milch • 1 Eigelb • 50 g Butter • Butter für das Blech 1 EL Apfelsüße • 600 g Pflaumen • 3 Eier • 50 g Zuckerrohrmelasse • Zimt

1 Das Mehl in eine Schüssel sieben. In die Mitte eine Mulde drücken. Die Hefe hineinbröseln und mit etwas Mehl und 2 Esslöffeln Milch verrühren. Zugedeckt an einem warmen Ort 20 Minuten gehen lassen.

2 Die restliche Milch, Eigelb, Butter und Apfelsüße zugeben und zu einem Teig verkneten. 20 Minuten gehen lassen.

3 Die Pflaumen waschen, entsteinen und halbieren.
4 Den Teig auf einer bemehlten Arbeitsfläche zu einem großen Rechteck ausrollen und auf ein gebuttertes Backblech legen. Einen kleinen Rand formen. Mit einem feuchten Tuch bedecken und 20 Minuten ruhen lassen.
5 Eier, Zuckerrohrmelasse und Zimt verrühren. Den Kuchen gleichmäßig mit den Pflaumen belegen und mit der Eiermischung begießen.
6 Den Backofen auf 180 °C (Gas Stufe 2–3, Umluft 160 °C) vorheizen und die Pflaumenwähe 45 Minuten backen.

für 10 Stücke:
948/227 kJ/kcal
7 g Eiweiß
8 g Fett
30 g Kohlenhydrate
2 g Ballaststoffe
108 mg Cholesterin
2,5 BE

Tosca-Torte

Zutaten für 12 Stücke
150 g Butter • Butter für die Form • 1/2 Vanilleschote • 2 Eier
100 g Vollzucker • Salz • 1 TL Backpulver • 160 g Mehl
100 g blättrige Mandeln • 3 EL Honig • 2 EL Sahne

Zubereitungszeit: 1 Stunde

1 100 Gramm Butter zerlassen. Die Vanilleschote längs aufschlitzen und das Mark herauskratzen.
2 Die Eier mit Zucker, Salz und Vanillemark schaumig schlagen. Abwechselnd die zerlassene Butter und 150 Gramm mit Backpulver vermischtes Mehl einarbeiten.
3 Den Backofen auf 200 °C (Gas Stufe 3–4, Umluft 180 °C) vorheizen. Eine Springform buttern, den Teig hineinfüllen, glatt streichen und 20 Minuten backen.
4 In der Zwischenzeit die restliche Butter mit Mandeln und Honig erhitzen. 10 Gramm Mehl und die Sahne einrühren.
5 Den Tortenboden aus dem Ofen nehmen, mit dem Mandelbelag bestreichen und weitere 20 Minuten backen.

1097/262 kJ/kcal
4 g Eiweiß
18 g Fett
22 g Kohlenhydrate
2 g Ballaststoffe
74 mg Cholesterin
1,8 BE

Cremige Desserts

Die größte Verführungskraft besitzen nach wie vor cremige Desserts. Das zarte, lockere Etwas langsam auf den Löffel nehmen, genüsslich zum Mund führen und auf der Zunge zergehen lassen, das ist immer noch der Traum vom süßen Hochgenuss.
Dass gerade cremige Desserts besonders süß sein müssen ist allerdings ein Missverständnis. Zu viel Süße steht den meisten Cremes und Puddings bei ihrer Geschmacksentfaltung eher im Weg. Außerdem bekommt es den meisten Gerichten ausgezeichnet, wenn die fruchtige Note durch Dicksäfte und andere Fruchtsüßen hervorgehoben wird, oder wenn ein leichter Karamellgeschmack von Ahornsirup und Zuckerrohrmelasse mitschwingt.

Panna cotta schmeckt auch mit einer Karamellsauce sehr köstlich.

Die Nährwertangaben beziehen sich, wenn nicht anders angegeben, auf eine Portion.

Panna cotta

Zutaten für 4 Personen
2 Vanilleschoten • 800 g Sahne • 50 g Apfelsüße • 2 EL Amaretto • 6 Blatt Gelatine

Zubereitungszeit: 25 Minuten ohne Kühlzeit

1 Die Vanilleschoten längs halbieren, das Mark herauskratzen und mit der Sahne aufkochen.
2 Vom Herd nehmen und mit Apfelsüße und Amaretto verrühren. Abkühlen lassen.
3 Die Gelatine in etwas kaltem Wasser einweichen, ausdrücken und in wenig warmem Wasser auflösen.
4 Durch ein Sieb in die Sahne gießen, verrühren und in Portionsförmchen abfüllen. Die Panna cotta über Nacht in den Kühlschrank stellen und fest werden lassen.

2657/634 kJ/kcal
7 g Eiweiß
60 g Fett
15 g Kohlenhydrate
0 g Ballaststoffe
180 mg Cholesterin
1,2 BE

Weiße Mousse mit Erdbeermark

Zubereitungszeit: 50 Minuten ohne Kühlzeit

Zutaten für 4 Personen
300 g weiße Kuvertüre • 2 Vanilleschoten • 2 EL Cointreau
2 EL Orangensaft • 1 EL Agavendicksaft • 500 g Sahne
500 g Erdbeeren • 3 EL Zitronensaft • 1 EL Vollrohrzucker
2 Stängel Zitronenmelisse

3183/760 kJ/kcal
12 g Eiweiß
46 g Fett
69 g Kohlenhydrate
10 g Ballaststoffe
113 mg Cholesterin
5,8 BE

1 Die Kuvertüre in kleine Stücke schneiden. Die Vanilleschoten längs halbieren und das Mark herauskratzen.

2 Kuvertüre, Vanillemark, Cointreau, Orangensaft und Agavendicksaft vermischen. Zusammen mit der Sahne in einen Topf geben und unter ständigem Rühren so lange erhitzen, bis die Kuvertüre geschmolzen ist. Nicht kochen.

3 Die Masse über Nacht zugedeckt kalt stellen.

4 Am nächsten Tag mit den Quirlen des Handrührgeräts in 8 Minuten wie Sahne steif schlagen, in eine flache Form füllen und nochmals 30 Minuten kühl stellen.

Ein raffiniertes Dessert an heißen Sommertagen: Weiße Mousse mit Erdbeermark.

5 In der Zwischenzeit die Erdbeeren waschen, putzen und vierteln. 4 Erdbeeren ganz lassen und beiseite legen.
6 Die geviertelten Erdbeeren mit Zitronensaft und Vollrohrzucker vermischen und 5 Minuten bei schwacher Hitze zugedeckt dünsten. Mit einem Mixstab pürieren, durch ein Sieb streichen und abkühlen lassen.
7 Für die Garnitur die restlichen Erdbeeren in Scheiben schneiden.
8 Die Erdbeersauce als Spiegel auf vier Teller gießen. Von der Mousse mit einem in heißes Wasser getauchten Esslöffel Nocken abstechen und auf das Erdbeerpüree setzen. Die Mousse mit Erdbeerscheiben und Zitronenmelisseblättchen garnieren.

Brombeer-Joghurt-Creme

Zutaten für 4 Personen
500 g Brombeeren • 300 g fettarmer Naturjoghurt
2 Eiweiße • Apfeldicksaft

Zubereitungszeit: 25 Minuten ohne Kühlzeit

1 Die Brombeeren waschen und zugedeckt – ohne Flüssigkeitszugabe – bei mittlerer Hitze etwa 10 Minuten weich kochen. Abkühlen lassen.
2 Brombeeren durch ein Sieb streichen und mit dem Joghurt vermischen.
3 Eiweiß steif schlagen. Den Eischnee mit dem Schneebesen vorsichtig unter die Brombeer-Joghurt-Creme ziehen. In Dessertschalen füllen und je nach Geschmack mit Apfeldicksaft süßen. Gut gekühlt servieren.

489/117 kJ/kcal
6 g Eiweiß
2 g Fett
15 g Kohlenhydrate
4 g Ballaststoffe
4 mg Cholesterin
1,3 BE

Tipp Die Brombeer-Joghurt-Creme schmeckt auch halbgefroren mit heißer Brombeersauce sehr gut.

Kalabresischer Kakao-Eierstich

Zubereitungszeit: 1 Stunde

Zutaten für 4 Personen

1 Vanilleschote • 500 ml Milch • 250 g Sahne • Salz • 6 Eier
75 g Kakao • 50 g Vollzucker • 1 EL Butter

2164/516 kJ/kcal
22 g Eiweiß
38 g Fett
24 g Kohlenhydrate
7 g Ballaststoffe
435 mg Cholesterin
2,0 BE

1 Die Vanilleschote längs halbieren und das Mark herauskratzen. Mit Milch, Sahne und Salz einmal kurz aufkochen. Etwas abkühlen lassen.

2 Die Eier verschlagen und mit dem Kakao und dem Vollzucker vermischen. Nach und nach die Milchflüssigkeit zugeben und verrühren.

3 Eine Kastenform buttern und die Eimasse einfüllen. In einem Wasserbad im Backofen bei 180 °C (Gas Stufe 2–3, Umluft 160 °C) 30 bis 45 Minuten garen, bis die Masse fest ist.

4 Den Eierstich abkühlen lassen. Nach dem Erkalten stürzen und in Scheiben schneiden.

Quarksoufflé mit Apfelpüree

Zubereitungszeit: 1 Stunde

Zutaten für 4 Personen

3 Äpfel • 250 ml Apfelsaft • 2 cm Zimtstange • 1 EL Apfeldicksaft • 1 EL Butter • 1/2 Vanilleschote • 3 Eier • 200 g Quark
abgeriebene Schale von 1 Zitrone • 50 g Vollrohrzucker • Salz

1 Die Äpfel schälen, vom Kerngehäuse befreien und in Stücke schneiden. Mit Apfelsaft und Zimtstange in 10 Minuten weich kochen. Die Zimtstange entfernen.

2 Den Apfeldicksaft einrühren und alles mit einem Mixstab pürieren. Abkühlen lassen.

3 Den Backofen auf 250 °C (Gas Stufe 6, Umluft 230 °C) vorheizen.

4 kleine Souffléformen buttern und kühl stellen.
4 Die Vanilleschote halbieren und das Mark herauskratzen. Die Eier trennen.
5 Eigelbe, Quark, Zitronenschale, Vollrohrzucker und Vanillemark miteinander vermischen.
6 Das Eiweiß mit etwas Salz steif schlagen. 1/3 des Eischnees mit der Quarkmasse verrühren. Den restlichen Eischnee vorsichtig unterheben.
7 Masse in die Souffléformen füllen und im Wasserbad 25 Minuten im vorgeheizten Ofen backen.
8 Die Quarksoufflés aus dem Wasserbad nehmen und kurz abkühlen lassen. Mit einem Messer vom Rand lösen und auf Teller stürzen. Mit dem Apfelpüree servieren.

1094/261 kJ/kcal
13 g Eiweiß
8 g Fett
33 g Kohlenhydrate
2 g Ballaststoffe
185 mg Cholesterin
2,8 BE

Vanillecremeschnitten

Zutaten für 4 Personen
1 Vanilleschote • 500 ml Milch • 500 g Sahne • 10 Eigelbe
2 EL Amaretto • 50 g Vollzucker

Zubereitungszeit: 45 Minuten

1 Die Vanilleschote längs halbieren und das Mark herauskratzen. Mit Milch und Sahne aufkochen. Etwas abkühlen lassen.
2 Die Eigelbe verschlagen und mit Amaretto und Vollzucker vermischen. Nach und nach die Sahneflüssigkeit einrühren. Die Masse in eine flache Form gießen.
3 In einem Wasserbad im Backofen bei 180 °C (Gas Stufe 2–3, Umluft 160 °C) 30 Minuten backen, bis die Masse fest und die Oberfläche leicht gebräunt ist.
4 Die Vanillecreme abkühlen lassen, in Quadrate schneiden, mit einer Palette herausheben und servieren.

2780/663 kJ/kcal
14 g Eiweiß
55 g Fett
25 g Kohlenhydrate
0 g Ballaststoffe
664 mg Cholesterin
2,1 BE

Canache mit weißer Schokolade und Cassissauce

Zubereitungszeit: 45 Minuten plus 2 Stunden Kühlzeit

1256/300 kJ/kcal
4 g Eiweiß
18 g Fett
26 g Kohlenhydrate
5 g Ballaststoffe
45 mg Cholesterin
2,2 BE

Zutaten für 4 Personen

100 g weiße Kuvertüre • 200 g Sahne • 150 g Schwarze Johannisbeeren • 1 EL Agavendicksaft • 2 EL Cassis

1 Die Kuvertüre in kleine Stücke schneiden, mit 1/3 der Sahne in einen Topf geben und so lange unter Rühren erhitzen, bis sie geschmolzen ist. Nicht kochen. Im Kühlschrank 2 Stunden kalt stellen.

2 In der Zwischenzeit die Johannisbeeren waschen und entstielen. Mit Agavendicksaft, Cassis und 50 Milliliter Wasser 5 Minuten zugedeckt kochen. Abkühlen lassen, mit einem Mixstab pürieren und die Fruchtmasse durch ein Sieb streichen.

3 Die restliche Sahne steif schlagen. Die Schokoladencreme ebenfalls schlagen, bis sie dick wird. Die Sahne unterheben.

4 Die Johannisbeersauce als Spiegel auf vier Teller gießen. Von der Canache mit einem in heißes Wasser getauchten Esslöffel Nocken abstechen und darauf setzen.

Mascarponemousse mit Sanddornsauce

Zubereitungszeit: 35 Minuten plus 4 Stunden Kühlzeit

Zutaten für 4 Personen

250 Mascarpone • 4 EL Zitronensaft • 250 g Sahne • 2 TL Apfeldicksaft • 4 Blätter Gelatine • 1 EL Butter • 100 ml Sanddornsaft • 1 EL Honig • 1 Messerspitze abgeriebene Orangenschale • 1 TL Speisestärke • 100 ml Orangensaft

1 Den Mascarpone mit dem Zitronensaft, 50 Gramm Sahne und Apfeldicksaft glatt rühren.

2 Die Gelatine in etwas kaltem Wasser einweichen, ausdrücken und in wenig warmem Wasser auflösen.

3 Die restliche Sahne steif schlagen. Die Gelatine und 1/3 der Sahne mit der Mascarponemasse verrühren. Die verbliebene Sahne vorsichtig unterheben.

4 Vier Portionsformen dünn buttern, die Mascarponecreme hineinfüllen und in 4 Stunden im Kühlschrank fest werden lassen.

5 Den Sanddornsaft mit Honig und Orangenschale aufkochen.

6 Die Speisestärke im Orangensaft auflösen, zum Sanddornsaft geben und kurz kochen, bis die Sauce andickt. Etwas abkühlen lassen.

7 Die Mousse auf Teller stürzen und halb mit der Sauce übergießen.

2136/510 kJ/kcal
10 g Eiweiß
45 g Fett
16 g Kohlenhydrate
0 g Ballaststoffe
139 mg Cholesterin
1,3 BE

Von September bis Oktober trägt der Sanddornstrauch, der meist in Sanddünen am Meer oder an Flussufern vorkommt, jede Menge Früchte.

Ricottagratin mit Aprikosen

Zubereitungszeit: 25 Minuten

Zutaten für 4 Personen

8 Aprikosen • 150 g Ricotta • 50 g Honig • 2 EL Amaretto 1 EL Zitronensaft • 3 EL Butter

925/221 kJ/kcal
5 g Eiweiß
11 g Fett
20 g Kohlenhydrate
2 g Ballaststoffe
37 mg Cholesterin
1,7 BE

1 Die Aprikosen waschen, vom Kern befreien und vierteln.

2 Ricotta mit Honig, Amaretto und Zitronensaft verrühren.

3 Vier feuerfeste Teller buttern, den Ricotta darauf verteilen und glatt streichen. Die Aprikosenviertel dekorativ auf den Tellerrand setzen.

4 Die Butter zerlassen und über den Ricotta träufeln.

5 Das Dessert unter einem Grill 4 Minuten gratinieren, bis die Oberfläche leicht gebräunt ist. Sofort servieren.

Ricottapudding mit Trockenfrüchten

Zubereitungszeit: 1 Stunde und 45 Minuten

Zutaten für 4 Personen

100 g Trockenfrüchte • 50 g Rosinen • 1 EL Rum • 250 ml Milch 40 g Hartweizengrieß • 4 Eier • 400 g Ricotta • 50 Honig Zimt • abgeriebene Schale von 1 Zitrone • 1 EL Butter

1 Die Trockenfrüchte in kleine Würfel schneiden und mit den Rosinen 30 Minuten in Rum und 50 Milliliter Wasser einweichen. Abgießen und abtropfen lassen.

2 Die Milch aufkochen, den Grieß einrieseln lassen und unter ständigem Rühren bei mittlerer Hitze 3 Minuten quellen lassen. Vom Herd nehmen und abkühlen lassen.

3 3 Eier trennen. Das verbliebene Ei, Eigelbe, Ricotta, Honig, Zimt, Zitronenschale und Früchte vermischen und zu einer glatten Masse verarbeiten. Das Eiweiß zu steifem Schnee schlagen.

4 Erst den Grießpudding, dann den Eischnee unter die Ricottamasse heben.

5 Eine Kastenform mit Butter fetten, den Pudding einfüllen und in einem Wasserbad im Ofen bei 180 °C (Gas Stufe 2–3, Umluft 160°C) 75 Minuten backen.

6 Den Pudding abkühlen lassen. Nach dem Erkalten stürzen und in Scheiben schneiden.

2118/505 kJ/kcal
23 g Eiweiß
25 g Fett
44 g Kohlenhydrate
4 g Ballaststoffe
303 mg Cholesterin
3,7 BE

Quarkklößchen mit Beerensauce

Zutaten für 4 Personen
40 g Rosinen • 250 g gemischte Beeren • 50 g Honig
400 g Quark • 2 Eier • 100 g Mehl • 2 EL Zitronensaft
50 g Vollzucker • Salz • 50 g Butterschmalz

Zubereitungszeit: 45 Minuten

1 Die Rosinen in etwas warmem Wasser 30 Minuten einweichen.

2 Die Beeren waschen, verlesen und mit Honig und 100 Milliliter Wasser 10 Minuten bei mittlerer Hitze kochen. Pürieren, durch ein Sieb streichen und abkühlen lassen.

3 Den Quark in ein Küchentuch geben und ausdrücken. Mit den abgetropften Rosinen, Eiern, 5 Esslöffeln Mehl, Zitronensaft, Vollzucker und etwas Salz zu einem weichen Teig verarbeiten. Mit zwei Teelöffeln Nocken formen und im restlichen Mehl wenden.

4 Das Butterschmalz in einer hohen Pfanne erhitzen und die Nocken portionsweise in 5 Minuten bei mittlerer Hitze goldgelb ausbacken. Herausnehmen und auf Küchenpapier abtropfen lassen.

5 Die Klößchen auf Teller verteilen und mit der Beerensauce beträufeln.

1933/462 kJ/kcal
21 g Eiweiß
17 g Fett
55 g Kohlenhydrate
5 g Ballaststoffe
162 mg Cholesterin
4,6 BE

Joghurtkaltschale mit Himbeeren

Zubereitungszeit: 20 Minuten

Zutaten für 4 Personen

100 g frische Himbeeren • 1 Vanilleschote • 400 g Sahnejoghurt • 50 g Birnendicksaft • 2 EL Ahornsirup • 100 g tiefgefrorene Himbeeren • 1 Stängel Zitronenmelisse

757/180 kJ/kcal
4 g Eiweiß
10 g Fett
17 g Kohlenhydrate
4 g Ballaststoffe
37 mg Cholesterin
1,4 BE

1 Die frischen Himbeeren waschen und verlesen.

2 Die Vanilleschote längs halbieren und das Mark herauskratzen.

3 Den Joghurt mit Birnendicksaft, Ahornsirup und Vanillemark glatt rühren. Die tiefgefrorenen Himbeeren zugeben und mit einem Mixstab pürieren.

4 Die Joghurt-Himbeer-Mischung noch halbgefroren auf Dessertschalen verteilen und die frischen Himbeeren dazugeben. Mit Zitronenmelisseblättchen garnieren und sofort servieren.

Amarettopudding

Zubereitungszeit: 15 Minuten ohne Kühlzeit

Zutaten für 4 Personen

80 g Vollzucker • 50 g Maisstärke • Salz • 1/8 l Magermilch (0,3 % Fett) • 1/2 l fettarme Milch (1,5 % Fett) • 1/2 Vanilleschote • 50 g Amarettoplätzchen

1087/260 kJ/kcal
6 g Eiweiß
6 g Fett
44 g Kohlenhydrate
0 g Ballaststoffe
18 mg Cholesterin
3,7 BE

1 Den Vollzucker mit Maisstärke und etwas Salz vermischen. Nach und nach die Magermilch zugeben. Mit dem Schneebesen glatt rühren.

2 Die fettarme Milch zum Kochen bringen. Die Zuckermischung darunter schlagen. Aufkochen und etwa 1 Minute unter Rühren kochen. Von der Kochstelle nehmen. Die Vanilleschote längs aufschlitzen, das Mark herauskratzen und zugeben.

3 Die Puddingmasse auf vier Dessertschalen verteilen und mindestens 2 Stunden kühl stellen.

4 Die Amarettoplätzchen zerbröseln und vor dem Servieren über den Pudding streuen.

Schokoladenpudding

Zutaten für 4 Personen

75 g Vollrohrzucker • 3 EL Maisstärke • Salz • 75 g ungezuckertes Kakaopulver • 1/2 l Milch • 1 TL flüssige Vanilleessenz

Zubereitungszeit: 10 Minuten

1 Vollrohrzucker, Stärke, etwas Salz und Kakao in einem Topf vermischen. Die Milch einrühren und mit einem Schneebesen gut durchrühren.

2 Die Mischung unter ständigem Rühren aufkochen lassen. Mit Vanilleessenz abschmecken, in eine Schüssel füllen und abkühlen lassen.

1107/265 kJ/kcal
7 g Eiweiß
7 g Fett
43 g Kohlenhydrate
3 g Ballaststoffe
15 mg Cholesterin
3,6 BE

Selbst gemachter Schokoladenpudding schmeckt köstlich mit frischen Früchten.

Bananen-Joghurt-Dessert

Zubereitungszeit: 15 Minuten ohne Kühlzeit

Zutaten für 8 Personen

3/8 l Milch • 1 TL Zitronensaft • 500 g fettarmer Vanillejoghurt • 100 g Sauerrahm • Mark von 1/2 Vanilleschote oder etwas Vanilleextrakt • 6 Blatt Gelatine • 4 reife Bananen • etwas Zitronensaft zum Beträufeln

510/122 kJ/kcal
5 g Eiweiß
4 g Fett
15 g Kohlenhydrate
2 g Ballaststoffe
13 mg Cholesterin
1,3 BE

1 In einer Schüssel Milch mit Zitronensaft, Joghurt, Sauerrahm und dem Mark der Vanilleschote vermischen.

2 Gelatine in 5 Esslöffeln kaltem Wasser einweichen. Dann kurz erhitzen, bis sie vollständig aufgelöst ist, und unter die Joghurtmischung rühren.

3 Die Bananen schälen, in dünne Scheiben schneiden und mit Zitronensaft beträufeln. Auf acht Dessertgläser verteilen und mit der Joghurtmischung auffüllen.

4 Das Dessert 2 Stunden kühl stellen. Vor dem Servieren mit Bananenscheiben dekorieren.

Beerensoufflé

Zubereitungszeit: 20 Minuten ohne Kühlzeit

Zutaten für 4 Personen

500 g gemischte Beeren (Himbeeren, Erdbeeren etc.)
2 EL Himbeergeist • 4 EL Apfelsüße • 4 Blatt Gelatine • 4 Eier
100 g Sahne • einige Beeren zum Verzieren

1 Die Beeren putzen, waschen und in einem Mixer pürieren. Durch ein Sieb streichen, um das Fruchtfleisch von den Kernen zu trennen. Mit Himbeergeist und Apfelsüße würzen und beiseite stellen.

2 Die Gelatine in wenig kaltem Wasser einweichen. Die Gelatine gut ausdrücken und in

100 Milliliter heißem Wasser auflösen.
3 Die Eier trennen. Eigelbe und Gelatine unter das Beerenpüree rühren. Gut vermischen und in den Kühlschrank stellen.
4 Inzwischen das Eiweiß und die Sahne in getrennten Behältnissen steif schlagen und unter das Beerenpüree heben.
5 Das Soufflé in eine Form geben und im Kühlschrank etwa 4 Stunden fest werden lassen. Vor dem Servieren mit Beeren garnieren.

1070/256 kJ/kcal
10 g Eiweiß
15 g Fett
13 g Kohlenhydrate
10 g Ballaststoffe
267 mg Cholesterin
1,1 BE

Mousse von getrockneten Pflaumen

Zutaten für 6 Personen
200 g Trockenpflaumen • 20 ml Zwetschgenwasser
1 EL Apfelkraut • 150 g Sahne • 300 g frische Pflaumen
2 EL Rotwein • 1 Zimtstange

Zubereitungszeit: 30 Minuten ohne Kühlzeit

1 Die getrockneten Pflaumen über Nacht in Wasser einweichen.
2 Die Pflaumen abtropfen lassen, entsteinen, klein schneiden, mit Zwetschgenwasser und Apfelkraut in einen Mixer geben und pürieren.
3 Die Sahne steif schlagen und unter die Pflaumenmasse rühren. Das Mousse im Kühlschrank etwa 2 Stunden kalt stellen, bis die Masse fest geworden ist.
4 Für die Sauce die frischen Pflaumen waschen, entkernen und mit dem Rotwein und der Zimtstange in einem Topf zugedeckt zum Kochen bringen und 10 Minuten auf mittlerer Stufe kochen lassen.
5 Die Zimtstange entfernen, alles pürieren und durch ein Sieb streichen.
6 Die Sauce auf sechs Teller verteilen, von der Mousse Nocken abstechen und darauf setzen.

907/217 kJ/kcal
2 g Eiweiß
8 g Fett
28 g Kohlenhydrate
4 g Ballaststoffe
27 mg Cholesterin
2,3 BE

Fruchtige Desserts

Ein Dessert muss nicht immer schwer und ungesund sein. Was uns an heimischen und exotischen Früchten zur Verfügung steht, ermöglicht eine nahezu unbegrenzte Vielzahl an fruchtigen Gerichten, die obendrein noch wertvolle Vitaminlieferanten sind.
Da die meisten Obstsorten auch reich an Fruchtzucker und damit schon von sich aus süß sind, ist es ein Leichtes, ohne die Zugabe von Zucker auszukommen.
Sollte es bei säuerlichen Früchten oder für die kleine Portion Extrasüße notwendig sein, den Zuckergehalt noch zu verstärken, bieten sich meist gesunde Lösungen an. Denn viele der alternativen Süßungsmittel wie Fruchtdicksäfte, Apfelsüße und -kraut werden direkt aus Obst gewonnen.

Fruchtige Desserts schmecken sehr erfrischend und können außerdem mit nur wenig Zucker zubereitet werden.

Die Nährwertangaben beziehen sich, wenn nicht anders angegeben, auf eine Portion.

Kiwiterrine

Zutaten für 4 Personen
350 ml Orangensaft • 350 ml Apfelsaft • 50 g Apfeldicksaft
2 TL Agar-Agar • 600 g Kiwis • 1/2 Bund Minze

1 Orangen- und Apfelsaft sowie Apfeldicksaft mit dem Agar-Agar 10 Minuten kochen und abkühlen lassen.
2 Die Kiwis schälen, halbieren und in Scheiben schneiden. Die Minzeblätter abzupfen.
3 Den Fruchtsaft auf Zimmertemperatur abkühlen lassen und in eine Terrinenform füllen. Die Kiwischeiben und Minzeblätter darin verteilen.
4 In den Kühlschrank stellen und über Nacht fest werden lassen.

Zubereitungszeit: 25 Minuten ohne Kühlzeit

798/190 kJ/kcal
4 g Eiweiß
1 g Fett
37 g Kohlenhydrate
5 g Ballaststoffe
0 mg Cholesterin
3,0 BE

Ananas-Mango-Bisque

Zubereitungszeit: 25 Minuten ohne Kühlzeit

Zutaten für 4 Personen
40 g Zuckerrohrmelasse • 2 EL brauner Rum • 2 Ananas 2 Mangos • 750 ml Milch • 100 g Crème fraîche • Zimt

1795/429 kJ/kcal
9 g Eiweiß
12 g Fett
63 g Kohlenhydrate
5 g Ballaststoffe
41 mg Cholesterin
5,3 BE

1 Zuckerrohrmelasse, Rum und 100 Milliliter Wasser aufkochen und 2 Minuten reduzieren. Abkühlen lassen.

2 Die Ananas schälen, vom harten Mittelstrunk befreien und würfeln. Die Mangos schälen, das Fruchtfleisch vom Stein schneiden und ebenfalls würfeln.

3 Das Obst mit 100 Milliliter Milch und der Rum-Zucker-Masse vermischen, mit einem Mixstab pürieren und durch ein Sieb streichen.

4 Die restliche Milch und Crème fraîche einrühren und mit Zimt würzen.

5 Vor dem Servieren 4 Stunden im Kühlschrank kalt stellen.

Orangen-Erdbeer-Mousse

Zubereitungszeit: 30 Minuten ohne Kühlzeit

Zutaten für 4 Personen
500 g Erdbeeren • 1 süße Orange • 2 EL Agar-Agar Fruchtsüße nach Geschmack • 100 g Naturjoghurt • 2 Eiweiße • Erdbeeren und Orangenschale zum Dekorieren

368/88 kJ/kcal
4 g Eiweiß
2 g Fett
12 g Kohlenhydrate
4 g Ballaststoffe
3 mg Cholesterin
1 BE

1 Die Erdbeeren waschen und putzen. Die Orange heiß abwaschen, mit einem Julienneschneider dünn abschälen, halbieren und auspressen.

2 3 Esslöffel Orangensaft erhitzen, aber nicht kochen. Agar-Agar über den warmen Orangensaft streuen und unter Rühren auflösen, bis die Flüssigkeit klar wird.

3 Die Erdbeeren mit dem restlichen Orangensaft und der Orangenschale pürieren. Je nach Geschmack Fruchtsüße hinzufügen.
4 Die Agar-Agar-Mischung und den Joghurt zugeben und verrühren. 30 Minuten kühl stellen.
5 Das Eiweiß steif schlagen und unter das Erdbeerpüree ziehen.
6 Die Orangen-Erdbeer-Mousse in vier Dessertgläser füllen und im Kühlschrank fest werden lassen. Mit Erdbeeren und Orangenschale garniert servieren.

Bananenkugeln

Zutaten für 30 Stück
1 große vollreife Banane • abgeriebene Schale und Saft von 1/2 Orange • 300–350 g gemahlene Mandeln • 2 EL Kakaopulver • 30 Pralinenförmchen

Zubereitungszeit: 30 Minuten ohne Kühlzeit

1 Die Bananen schälen und pürieren. Die Orange heiß abwaschen und mit einem Juliennemesser schälen. 1/2 Orange auspressen. Den Saft und die Schale unter das Bananenpüree schlagen.
2 200 Gramm gemahlene Mandeln dazugeben und 30 Minuten in den Kühlschrank stellen.
3 Restliche Mandeln mit Kakaopulver mischen. Auf einen Teller geben.
4 Die Bananenmasse aus dem Kühlschrank nehmen. Mit einem Teelöffel 30 kleine Portionen abstechen und mit leicht bemehlten Händen zu Kugeln formen. Wenn die Masse noch zu weich ist, weitere gemahlene Mandeln zufügen.
5 Jede Kugel im Kakao-Mandel-Pulver wälzen, in kleine Pralinenförmchen legen und nochmals kühl stellen.

Pro Stück:
296/71 kJ/kcal
2 g Eiweiß
6 g Fett
2 g Kohlenhydrate
1 g Ballaststoffe
0 mg Cholesterin
0,2 BE

Exotischer Fruchtsalat

Zubereitungszeit: 20 Minuten ohne Kühlzeit

Zutaten für 4 Personen
2 reife Pfirsiche • 2 Kiwis • 1 Karambole (Sternfrucht)
50 g Erdbeeren • Saft von 1 süßen Orange • 1 vollreife Mango
Saft von1/2 Limette

397/95 kJ/kcal
2 g Eiweiß
1 g Fett
19 g Kohlenhydrate
3 g Ballaststoffe
0 mg Cholesterin
s1,6 BE

1 Die Pfirsiche waschen und einige Sekunden mit kochendem Wasser überbrühen. Die Pfirsichhaut abziehen. Die Früchte halbieren und entkernen. Das Pfirsichfleisch anschließend in dünne Scheiben schneiden.
2 Kiwis schälen und ebenfalls in Scheiben zerteilen. Karambole waschen und braune Stellen entfernen. In Sterne schneiden und die Kerne entfernen. Die Erdbeeren waschen, putzen und halbieren. Alle Zutaten dekorativ auf einem Teller anrichten und mit dem Orangensaft beträufeln.
3 Die Mangos schälen, das Fruchtfleisch vom

Dieser exotische Fruchtsalat ist auch für das Auge ein purer Genuss.

Stein lösen und würfeln. Fruchtfleisch mit dem Limettensaft pürieren. Das Fruchtpüree über den Obstsalat verteilen und kalt stellen.

TIPP Es gibt zwei Karambolesorten unterschiedlicher Qualität. Die größere Frucht duftet nach Jasmin, schmeckt süß mit feiner Säure, wie eine Mischung aus Quitte und Stachelbeere. Reife Früchte haben eine helle Bernsteinfarbe. Die kleinere Frucht ist hellgelb bis blassgrün. Sie hat einen starken Säuregeschmack und enthält Oxalsäure. Bei fortschreitender Reifung sorgt die Oxalsäure für ein leicht muffiges Aroma. Je größer die Früchte, desto besser ist der Geschmack. (Bei anderen Früchten ist es oft genau umgekehrt.) Früchte, deren Spitzen sich schon braun verfärben, sollten Sie besser liegen lassen.

Müslinester

Zutaten für 30 Stück

50 g Butter • 100 g kernige Haferflocken • 50 g Trockenpflaumen • 50 g getrocknete Aprikosen • 1 Ei

Zubereitungszeit: 30 Minuten

1 Backofen auf 180 °C (Gas Stufe 2–3, Umluft 160 °C) vorheizen. Die Butter schmelzen und die Haferflocken darin anrösten. Die leicht gebräunte Masse abkühlen lassen.

2 Die getrockneten Früchte fein würfeln. Das Ei mit einer Gabel verquirlen.

3 Die Haferflocken und Früchte zu dem Ei geben. Mit zwei Teelöffeln kleine Häufchen der Masse auf ein mit Backpapier ausgelegtes Blech setzen.

4 Das Backblech in den Backofen schieben (mittlere Schiene) und die Müslinester etwa 10 Minuten backen.

Pro Stück:
159/38 kJ/kcal
1 g Eiweiß
2 g Fett
4 g Kohlenhydrate
1 g Ballaststoffe
12 mg Cholesterin
0,3 BE

Zitronen-Quark-Speise

Zubereitungszeit: 20 Minuten

Zutaten für 4 Personen

250 g Quark • 1 TL Steviaextrakt • 2 EL Honig • abgeriebene Schale von 1 Zitrone • Saft von 4 Zitronen • 6 Eiweiße

1 Zitrone • 1/2 Orange • 2 Stängel Minze

778/186 kJ/kcal
15 g Eiweiß
1 g Fett
26 g Kohlenhydrate
1 g Ballaststoffe
1 mg Cholesterin
2,2 BE

1 Quark, Steviaextrakt, Honig, Zitronenschale und -saft mischen und zu einer gleichmäßigen Masse verrühren.

2 Das Eiweiß steif schlagen. 1/3 des Eischnees zum Zitronenquark geben und verrühren. Das restliche Eiweiß vorsichtig unterheben.

3 Zitrone und Orange halbieren und in Scheiben schneiden.

4 Die Creme in vier Glasschälchen füllen und mit den Fruchtscheiben und der Minze garnieren.

Hippen mit Rhabarberquark

Zubereitungszeit: 1 Stunde

Zutaten für 4 Personen

1/2 Vanilleschote • 50 g Butter • Butter für das Blech 50 g Vollzucker • 2 Eiweiße • Salz • 60 g Mehl • 1 Messerspitze Kakaopulver • 300 g rosa Rhabarber • 50 g Apfelkraut 100 g Sahne • 200 g Magerquark • 50 g Honig • 1 Päckchen Bourbon-Vanille

1648/393 kJ/kcal
12 g Eiweiß
21 g Fett
39 g Kohlenhydrate
2 g Ballaststoffe
60 mg Cholesterin
3,3 BE

1 Das Vanillemark mit Butter und Vollzucker schaumig rühren.

2 Das Eiweiß mit etwas Salz steif schlagen und unter die Buttermasse heben. 40 Gramm Mehl und Kakaopulver darüber sieben und einarbeiten.

3 Den Backofen auf 180 °C (Gas Stufe 2–3, Umluft 160 °C) vorheizen. Ein Backblech buttern und mit dem restlichen

Mehl bestreuen. Einen Ring von 10 Zentimetern Durchmesser auf das Blech setzen, dünn mit Teig füllen und glatt streichen. Den Ring abheben und auf diese Weise weitere Teigkreise auf dem Blech formen. Im Ofen etwa 5 Minuten backen, bis die Hippen leicht Farbe annehmen.

4 Die Hippenblätter etwas abkühlen lassen, aber noch warm zu Tüten oder Körbchen formen. Auf einem Gitter völlig erkalten und fest werden lassen.

5 Den Rhabarber schälen, in Stücke schneiden und mit Apfelkraut unter Rühren 4 Minuten kochen. Abkühlen lassen.

6 Die Sahne steif schlagen. Den Quark mit Honig, Bourbon-Vanille und der Sahne glatt rühren.

7 Die Hippen mit Rhabarber und Quark füllen und servieren.

Marinierte Feigen

Zutaten für 4 Personen

8 Feigen • 1 EL Vollzucker • 1 Vanilleschote • 200 g Sahne 2 EL Agavendicksaft • Saft von 1 Zitrone

1 Die Feigen halbieren, mit der Schnittfläche nach oben in eine Form setzen und mit dem Vollzucker bestreuen.

2 Die Vanilleschote längs aufschlitzen und das Mark herauskratzen.

3 Die Sahne halbfest schlagen, mit Agavendicksaft, Zitronensaft und Vanillemark verrühren und über die Feigen gießen, so dass diese bedeckt sind. Über Nacht im Kühlschrank marinieren.

4 Die Feigenhälften aus der Sahne nehmen und auf Dessertteller verteilen. Die Sahne durchrühren, über die Feigen geben und servieren.

Zubereitungszeit: 20 Minuten ohne Marinierzeit

1092/261 kJ/kcal
3 g Eiweiß
16 g Fett
27 g Kohlenhydrate
2 g Ballaststoffe
45 mg Cholesterin
2,3 BE

Passionsfruchtcreme

Zubereitungszeit: 1 Stunde und 10 Minuten

Zutaten für 4 Personen
8 Passionsfrüchte • 200 g Brombeeren • 2 EL Vollzucker
2 EL Orangensaft • 1 TL Limettensaft • 4 EL Apfeldicksaft
4 Eier • 2 Eigelbe • 100 ml Milch • 100 g Sahne

1404/335 kJ/kcal
12 g Eiweiß
19 g Fett
27 g Kohlenhydrate
4 g Ballaststoffe
370 mg Cholesterin
2,3 BE

1 Die Passionsfrüchte halbieren und das Fruchtfleisch auslösen. Die Brombeeren waschen und verlesen. 100 Gramm Beeren zuckern und 10 Minuten ziehen lassen.

2 Gezuckerte Brombeeren und Passionsfrüchte mit Orangen-, Limetten- und Apfeldicksaft gut vermischen.

3 In einer Schüssel Eier, Eigelbe, Milch und Sahne verrühren und unter die Früchte heben.

4 Masse in Portionsförmchen füllen und im Wasserbad bei 180 °C (Gas Stufe 2–3, Umluft 160 °C) in 45 Minuten im Ofen fest werden lassen. Abkühlen lassen.

5 Die Creme mit einem Messer vom Rand der Förmchen lösen und stürzen. Mit den restlichen Brombeeren garnieren.

Himbeernockerln auf Kiwipüree

Zubereitungszeit: 35 Minuten ohne Abkühlzeit

Zutaten für 8 Personen
6 Blatt Gelatine • 400 g Himbeeren • 2 EL Agavendicksaft
200 g Sahne • 250 g Naturjoghurt • 3 vollreife Kiwis

1 Die Gelatine einige Minuten in kaltem Wasser einweichen.

2 Die Himbeeren waschen und putzen. Die Hälfte der Himbeeren pürieren und durch ein Sieb streichen. Das Himbeermus mit Agavendicksaft süßen.

3 Die Gelatine ausdrücken, mit wenig Wasser erhitzen und auflösen. Unter das Himbeerpüree mischen.
4 Die Sahne steif schlagen. Sobald das Püree zu stocken beginnt, die geschlagene Sahne und den Joghurt unterheben. Das Himbeerpüree in den Kühlschrank stellen und 1 Stunde abkühlen lassen.
5 Die Kiwis schälen, mit einem Mixstab pürieren und das Mus auf acht Teller verteilen.
6 Aus dem Himbeerpüree mit einem Teelöffel Nocken ausstechen, auf die Kiwisauce setzen und servieren.

644/154 kJ/kcal
3 g Eiweiß
9 g Fett
13 g Kohlenhydrate
4 g Ballaststoffe
31 mg Cholesterin
1 BE

Gebackene Amarettobananen

Zutaten für 4 Personen
150 ml Orangensaft • 2 EL Honig • 2 EL Amaretto
1 gestrichener EL Speisestärke • 1 Dose ungezuckerte Mandarin-Orangen oder 3 frische Mandarinen • 2 Bananen
50 g Joghurt

Zubereitungszeit: 35 Minuten

1 Den Orangensaft mit Honig und Amaretto zum Kochen bringen.
2 Die Speisestärke in 1 Esslöffel Wasser auflösen, zum Orangensaft geben und 2 Minuten aufkochen lassen.
3 Die Mandarin-Orangen oder geschälte frische Madarinen zugeben und 5 Minuten kochen, bis alles leicht eingedickt ist.
4 Die Bananen der Länge nach halbieren, auf vier hitzebeständige Teller verteilen und mit der Mandarin-Orangen-Sauce übergießen. Im Backofen bei 200 °C (Gas Stufe 3–4, Umluft 180 °C) 15 Minuten backen.
5 Die gebackenen Amarettobananen heiß mit 1 bis 2 Esslöffeln Joghurt servieren.

953/228 kJ/kcal
3 g Eiweiß
2 g Fett
45 g Kohlenhydrate
3 g Ballaststoffe
12 mg Cholesterin
3,8 BE

Bratäpfel mit Eierlikör-Quark-Sauce

Zubereitungszeit: 1 Stunde

Zutaten für 4 Personen
4 mittelgroße säuerliche Äpfel • 250 g Quark • 2 Eigelbe
1 EL Honig • 2 EL fein gehackte, getrocknete Pflaumen
3 EL gehackte Haselnüsse • 4 cl Eierlikör • 1 TL Vanillepulver
1 EL Zitronensaft

1367/327 kJ/kcal
9 g Eiweiß
16 g Fett
28 g Kohlenhydrate
5 g Ballaststoffe
184 mg Cholesterin
2,3 BE

1 Die Äpfel waschen. Mit einem Ausstecher das Kerngehäuse entfernen, aber nicht ganz durchstechen. Zusätzlich etwas vom Fruchtfleisch entfernen, um die Öffnung zu vergrößern.

2 4 Esslöffel Quark mit den Eigelben, dem Honig, den Pflaumen und 2 Esslöffeln gehackten Haselnüssen verrühren.

3 Jeden Apfel auf ein Stück Alufolie setzen und mit der Quarkmasse füllen. Die Alufolie um die Äpfel drücken und oben fest verschließen. Im vorgeheizten Backofen bei

Bratäpfel auf die etwas andere Art: Die Eierlikör-Quark-Sauce wird Sie begeistern.

220 °C (Gas Stufe 4–5, Umluft 200 °C) 45 Minuten backen.

4 Für die Sauce den restlichen Quark mit dem Eierlikör cremig rühren. Vanillepulver hinzufügen und mit Zitronensaft abschmecken.

5 Die Bratäpfel mit 1 Esslöffel gehackten Haselnüssen bestreuen. Dazu die Eierlikörsauce reichen.

Papayaflammeris

Zutaten für 4 Personen

4 Papayas • 2 EL Honig • 1 Stück Zitronenschale • 1 Päckchen Vanillepuddingpulver • 250 ml Milch • 250 g Sahne 2 EL Apfelsüße • 150 g Kuvertüre • 2 EL brauner Rum

Zubereitungszeit: 50 Minuten ohne Kühlzeit

1 Die Papayas halbieren, von Kernen und Schale befreien und in Scheiben schneiden. 8 Scheiben beiseite legen.

2 Die restlichen Papayascheiben mit Honig, Zitronenschale und 3 Esslöffeln Wasser 2 Minuten bei mittlerer Hitze kochen und im Sud abkühlen lassen.

3 Das Puddingpulver mit 4 Esslöffeln Milch anrühren. Die restliche Milch, 200 Gramm Sahne und Apfelsüße aufkochen und das Puddingpulver zugeben. Unter Rühren 1 Minute kochen und abkühlen lassen.

4 Die Papayas abtropfen lassen, grob hacken und unter den Pudding heben. In kalt ausgespülte Förmchen füllen und im Kühlschrank fest werden lassen.

5 Die Flammeris auf Dessertteller stürzen. Die Kuvertüre schmelzen, mit restlicher Sahne und Rum verrühren und halb über die Flammeris gießen. Mit den restlichen Papayascheiben garnieren.

1991/475 kJ/kcal
8 g Eiweiß
25 g Fett
50 g Kohlenhydrate
7 g Ballaststoffe
64 mg Cholesterin
4,2 BE

Ingwercreme mit Orangenfilets

Zubereitungszeit: 25 Minuten

Zutaten für 4 Personen

4 Orangen • 2 cm Ingwerwurzel • 250 g Quark • 4 EL Orangensaft • 50 g Apfelsüße • 50 g Pistazienkerne

616/147 kJ/kcal
11 g Eiweiß
7 g Fett
11 g Kohlenhydrate
1 g Ballaststoffe
1 mg Cholesterin
0,9 BE

1 Die Orangen schälen, so dass auch die weiße Haut entfernt ist, und die Filets aus den Zwischenwänden schneiden. Den Saft auffangen.

2 Den Ingwer schälen und fein reiben. Den Quark mit Orangensaft, Apfelsüße und Ingwer zu einer glatten Masse verrühren.

3 Die Quarkmasse in Dessertschalen füllen und die Orangenfilets rosettenartig darauf anordnen. Die Pistazien hacken und darüber streuen.

Fruchtkaltschale

Zubereitungszeit: 45 Minuten ohne Kühlzeit

Zutaten für 4 Personen

2 Pfirsiche • 2 Mangos • 100 g Birnendicksaft • 1/2 Vanilleschote • 1 EL Sago • 1 EL Zitronensaft • Zimt • 100 g Brombeeren • 2 EL Vollzucker • 1 Orange • 100 g Kumquats 2 Kiwis • 2 EL Honig • eventuell 300 ml Sekt

1029/246 kJ/kcal
4 g Eiweiß
1 g Fett
53 g Kohlenhydrate
7 g Ballaststoffe
0 mg Cholesterin
4,4 BE

1 Die Pfirsiche schälen, entsteinen, vierteln und in Würfel schneiden. Die Mangos schälen, das Fruchtfleisch vom Stein schneiden und ebenfalls würfeln.

2 Die Hälfte davon mit Birnendicksaft, Vanillemark und 800 Milliliter Wasser aufkochen. 10 Minuten bei schwacher Hitze garen und pürieren.

3 Das Sago 10 Minuten mit etwas Wasser kochen und in die Fruchtsuppe einrühren. Mit Zitronensaft und Zimt würzen. Im

Kühlschrank kalt werden lassen.

4 Die Brombeeren waschen und mit dem Vollzucker bestreuen. Die Orange schälen, so dass auch die weiße Haut entfernt ist, die Filets aus den Zwischenwänden schneiden und halbieren.

5 Die Kumquats halbieren, die Kiwis schälen, klein schneiden und beides mit restlichen Pfirsichen und Mangos in Honig und 100 Milliliter Wasser 5 Minuten dünsten. Abkühlen lassen.

6 Brombeeren, Orangenfilets und die gedünsteten Früchte auf vier tiefe Teller verteilen und mit der gut gekühlten Fruchtsuppe, nach Wunsch mit dem Sekt vermischt, aufgießen.

Ananasbeignets im Kokosteig

Zutaten für 4 Personen

120 g Mehl • Salz • 2 EL Agavendicksaft • 50 g Kokosraspeln 2 Eier • 125 ml Milch • 1 Ananas • Fett zum Frittieren

Zubereitungszeit: 45 Minuten

1 Mehl, Salz, Agavendicksaft und Kokosraspeln vermischen. Die Eier trennen.

2 Eigelbe, Milch und Kokos-Mehl-Mischung vermengen und 20 Minuten quellen lassen.

3 Die Ananas schälen, den harten Mittelstrunk ausstechen und das Fruchtfleisch in 8 oder 12 Ringe schneiden.

4 Das Eiweiß steif schlagen und unter den Kokosteig heben.

5 Das Frittierfett auf 180 °C erhitzen. Die Ananasscheiben durch den Teig ziehen und in 5 Minuten im Frittierfett unter einmaligem Wenden goldbraun backen. Auf Küchenpapier abtropfen lassen und noch warm servieren.

1773/424 kJ/kcal
9 g Eiweiß
22 g Fett
47 g Kohlenhydrate
6 g Ballaststoffe
123 mg Cholesterin
3,9 BE

Getränke und Gefrorenes

Erfrischende Getränke oder ein kühlendes Eis ersetzen in der heißen Jahreszeit oft andere Desserts und Kuchen. Wer will sich schon an schönen Tagen mit Puddings, Cremes und Gebackenem belasten. Anstatt zu Süße tendiert man eher zu fruchtiger Frische. Da ist es ein Leichtes, den Zucker, den man doch ab und an zur Abrundung des Geschmacks braucht, zu ersetzen.
Die folgenden Getränke und gefrorenen Desserts können als Abschluss einer Mahlzeit gereicht werden. Sie eignen sich aber auch vorzüglich als kleine Erfrischung zwischendurch oder an sommerlichen Tagen anstelle des Nachmittagkaffees.

Sorbets lassen sich schnell selbst zubereiten und sind herrlich erfrischend.

Die Nährwertangaben beziehen sich, wenn nicht anders angegeben, auf eine Portion.

Birnen-Melonen-Saft

Zutaten für 4 Personen
1 Birne • 1/2 Kantaloupmelone • 250 g Apfelsaft • 2 Stängel Minze • 4 EL Birnendicksaft • 8 Eiswürfel

Zubereitungszeit: 15 Minuten

1 Die Birne schälen, vom Kerngehäuse befreien und in kleine Stücke schneiden.
2 Die Kerne aus der Melone kratzen, das Fruchtfleisch von der Schale schneiden und grob hacken.
3 Das Obst mit Apfelsaft, Minzeblättern und Birnendicksaft in einen Mixer geben und 2 Minuten pürieren.
4 Das Eis zerstoßen, auf vier Gläser verteilen und mit dem Birnen-Melonen-Saft aufgießen.

410/98 kJ/kcal
1 g Eiweiß
0 g Fett
23 g Kohlenhydrate
1 g Ballaststoffe
0 mg Cholesterin
1,9 BE

Kirschsorbet

Zubereitungszeit: 25 Minuten ohne Kühlzeit

Zutaten für 4 Personen

300 g Sauerkirschen • 300 g schwarze Kirschen • 50 g Vollrohrzucker • 4 EL Kirschwasser • 1/2 TL gemahlener Zimt

695/166 kJ/kcal
1 g Eiweiß
0 g Fett
28 g Kohlenhydrate
2 g Ballaststoffe
0 mg Cholesterin
2,4 BE

1 Die Kirschen waschen, entsteinen und halbieren. Mit Vollrohrzucker, Kirschwasser und Zimt vermischen. Zugdeckt 2 Stunden kühl stellen.

2 100 Gramm Kirschen grob hacken. Die restlichen Früchte zusammen mit der entstandenen Flüssigkeit mit einem Mixstab pürieren.

3 Die Kirschstücke unter das Fruchtpüree heben und die Masse einige Stunden gefrieren lassen.

Frappé von tropischen Früchten

Zubereitungszeit: 15 Minuten

Zutaten für 4 Personen

1 Mango • 1 Papaya • 2 Guaven • 1 Karambole • 12 Eiswürfel 50 g Zuckerrohrmelasse • 2 TL Steviaextrakt 200 ml Mineralwasser

420/100 kJ/kcal
1 g Eiweiß
0 g Fett
22 g Kohlenhydrate
4 g Ballaststoffe
0 mg Cholesterin
1,8 BE

1 Die Mango schälen und das Fruchtfleisch vom Kern schneiden. Die Papaya halbieren, von den Kernen befreien und schälen. Die Guaven ebenfalls schälen, die Karambole waschen.

2 Das Fleisch der Früchte grob hacken. Die Eiswürfel in einen Mixer oder eine Küchenmaschine geben und darin grob zerstoßen.

3 Früchte, Zuckerrohrmelasse und Steviaextrakt zugeben und mixen, bis eine weiche Masse entstanden ist.

4 Die Fruchtmasse auf Gläser verteilen und mit Mineralwasser auffüllen.

Süßes Lassi

Zutaten für 4 Personen
2 Stängel Minze • 200 g Joghurt • Salz • 2 EL Honig
6 Eiswürfel

1 Die Minzeblätter abzupfen und waschen.
2 Den Joghurt mit 250 Milliliter Wasser verrühren, salzen und mit Honig und Minzeblättern in einen Mixer geben. In 2 Minuten zu einer glatten, schaumigen Masse schlagen.
3 Die Eiswürfel in einen Krug geben, mit der Joghurtflüssigkeit auffüllen und sofort servieren.

Zubereitungszeit: 10 Minuten

266/46 kJ/kcal
2 g Eiweiß
2 g Fett
10 g Kohlenhydrate
0 g Ballaststoffe
7 mg Cholesterin
0,8 BE

Sauerrahmeis auf Melonenpüree

Zutaten für 4 Personen
250 g saure Sahne • 1 EL Milchpulver • 50 g Vollzucker
5 EL Zitronensaft • 2 Honigmelonen • 4 EL Sekt
einige Minzeblätter

1 In einer Schüssel die saure Sahne mit Milchpulver, 2 Esslöffeln Vollzucker und 4 Esslöffeln Zitronensaft glatt rühren. 2 Stunden gefrieren lassen. Dabei immer wieder durchrühren, damit das Eis cremig bleibt.
2 Die Melonen vierteln, von den Kernen befreien, das Fruchtfleisch von der Schale lösen und klein schneiden. Mit dem restlichen Vollzucker, Zitronensaft und dem Sekt vermischen, pürieren und durch ein Sieb streichen. 30 Minuten kalt stellen.
3 Das Melonenpüree auf vier Tellern verstreichen und Sauerrahmeiskugeln darauf setzen. Mit Minzeblättern garnieren.

Zubereitungszeit: 30 Minuten ohne Kühlzeit

1169/279 kJ/kcal
3 g Eiweiß
14 g Fett
32 g Kohlenhydrate
0 g Ballaststoffe
43 mg Cholesterin
2,7 BE

Vanilleeis

Zubereitungszeit: 10 Minuten

1187/284 kJ/kcal
4 g Eiweiß
21 g Fett
17 g Kohlenhydrate
0 g Ballaststoffe
291 mg Cholesterin
1,4 BE

Zutaten für 4 Personen

200 g Sahne • 3 Eigelbe • 60 g Fruchtzucker • 1 Vanilleschote

1 Die Sahne steif schlagen. Eigelbe und Zucker schaumig rühren.

2 Die Vanilleschote längs aufschneiden, das Mark herauskratzen und dazugeben. Die steif geschlagene Sahne unterheben.

3 Die Masse im Gefriergerät 2 Stunden gefrieren lassen. Zwischendurch umrühren.

Himbeersorbet mit Fruchtsauce

Zubereitungszeit: 15 Minuten ohne Kühlzeit

823/196 kJ/kcal
1 g Eiweiß
0 g Fett
40 g Kohlenhydrate
9 g Ballaststoffe
0 mg Cholesterin
3,3 BE

Zutaten für 4 Personen

750 g Himbeeren • 4 EL Apfelsüße • 250 g Aprikosen
2 EL Apfeldicksaft

1 Himbeeren waschen und putzen. 500 Gramm Himbeeren mit Apfelsüße vermischen und pürieren.

2 In die Eismaschine füllen und gefrieren lassen.

3 In der Zwischenzeit für die Sauce die Aprikosen waschen, entsteinen, klein schneiden und mit wenig Wasser 5 Minuten dünsten. Die weichen Aprikosen in einem Mixer pürieren und durch ein Sieb streichen.

4 Die restlichen Himbeeren ebenfalls durch ein Sieb streichen. Aprikosen- und Himbeerpüree mit jeweils 1 Esslöffel Apfeldicksaft verrühren. Mindestens 2 Stunden kalt stellen.

5 Beide Fruchtsaucen löffelweise auf vier Teller geben. Mit einem Löffelstiel leicht marmorieren. Das Sorbet kräftig durchrühren und auf den Fruchtsaucen anrichten.

Himbeer-Joghurt-Eis

Zutaten für 4 Personen
1 EL Fruchtsüße oder Apfeldicksaft • 125 g Sahne 125 g fettarmer Naturjoghurt • 3 EL Himbeerkonfitüre ohne Zucker • frische Himbeeren zum Garnieren

Zubereitungszeit: 10 Minuten ohne Kühlzeit

1 Fruchtsüße oder Apfeldicksaft, Sahne und Joghurt miteinander verschlagen. Die Himbeerkonfitüre zufügen und unterrühren.

2 Diese Sauce in kleine Förmchen oder Schüsselchen, am besten aus Kunststoff oder Metall, füllen. Im Gefriergerät 2 bis 3 Stunden gefrieren lassen, zwischendurch umrühren.

3 Vor dem Servieren die Förmchen kurz in heißes Wasser tauchen und das Eis auf einen Teller stürzen. Mit frischen Himbeeren garnieren.

623/149 kJ/kcal
2 g Eiweiß
10 g Fett
12 g Kohlenhydrate
1 g Ballaststoffe
35 mg Cholesterin
1 BE

Eis selbst machen: ganz einfach und einfach unwiderstehlich.

Tropische Kokosmilch

Zubereitungszeit: 20 Minuten

Zutaten für 4 Personen

100 g Ananasfruchtfleisch • 1 Papaya • 2 Bananen
125 ml ungesüßte Kokosmilch • 250 ml Orangensaft
50 g Agavendicksaft • 12 Eiswürfel

609/146 kJ/kcal
2 g Eiweiß
0 g Fett
32 g Kohlenhydrate
3 g Ballaststoffe
0 mg Cholesterin
2,7 BE

1 Das Ananasfruchtfleisch grob hacken. Die Papaya halbieren, von den Kernen befreien, schälen und das Fruchtfleisch klein schneiden. Die Bananen schälen und mit einer Gabel zerdrücken.

2 Die Früchte mit Kokosmilch, Orangensaft und Agavendicksaft in einen Mixer geben und 2 Minuten pürieren.

3 Die Eiswürfel zugeben und stoßweise 4 Minuten zerkleinern, bis das Eis vollständig zerhackt ist.

Birneneis

Zubereitungszeit: 35 Minuten ohne Kühlzeit

Zutaten für 4 Personen

400 g Birnen • 1/2 Vanilleschote • 3 EL Zitronensaft
2 EL Birnengeist • 150 ml Milch • 150 g Sahne • 4 Eigelbe
50 g Birnendicksaft • 25 g gemahlene Haselnüsse

1386/331 kJ/kcal
6 g Eiweiß
22 g Fett
23 g Kohlenhydrate
3 g Ballaststoffe
253 mg Cholesterin
1,9 BE

1 Die Birnen schälen, vierteln, vom Kerngehäuse befreien und würfeln. Die Vanilleschote längs aufschlitzen und das Mark herauskratzen.

2 Die Birnenstücke mit Vanillemark und Zitronensaft in einen Topf geben und bei schwacher Hitze zugedeckt 5 Minuten dünsten.

3 Den Birnengeist unterrühren und das Kompott in einem Mixer fein pürieren.

4 Milch und Sahne zusammen aufkochen.

5 Die Eigelbe mit dem Birnendicksaft schaumig rühren. Nach und nach die heiße Milch zugeben. Über einem Wasserbad aufschlagen, bis die Masse cremig wird und einzudicken beginnt.

6 Die Birnenmasse und die gemahlenen Haselnüsse unterheben und abkühlen lassen.

7 Die Masse in eine Eismaschine geben und in 30 Minuten kalt rühren oder in einer Schüssel 2 Stunden gefrieren. Dabei immer wieder durchrühren, damit das Eis cremig bleibt.

Halbgefrorenes Pflaumenkompott

Zutaten für 4 Personen

500 g Pflaumen • 2 cm Ingwerwurzel • 50 ml Orangensaft 2 EL Ahornsirup • 50 g Akazienhonig • 2 cm Zimtstange 100 g Sahne

Zubereitungszeit: 35 Minuten ohne Kühlzeit

1 Die Pflaumen waschen und in Spalten vom Stein schneiden. Den Ingwer schälen und in Scheiben schneiden.

2 Orangensaft, Ahornsirup, Akazienhonig, Zimt und Ingwerscheiben in einem Topf aufkochen. Pflaumenspalten dazugeben und bei schwacher Hitze zugedeckt 10 Minuten garen, bis die Pflaumen weich sind, aber noch nicht zerfallen.

3 Das Pflaumenkompott vom Herd nehmen, Zimtstange und Ingwerscheiben entfernen und etwas abkühlen lassen. Anschließend in das Tiefkühlfach stellen und in etwa 25 Minuten anfrieren lassen.

4 Die Sahne steif schlagen. Je 1 Esslöffel davon in vier Dessertgläser geben, das Kompott darauf verteilen und mit der restlichen Sahne garnieren.

833/199 kJ/kcal
2 g Eiweiß
8 g Fett
30 g Kohlenhydrate
3 g Ballaststoffe
23 mg Cholesterin
2,5 BE

Pflaumen-Joghurt-Eis

Zubereitungszeit: 25 Minuten ohne Kühlzeit

Zutaten für 6 Personen

1/2 kg Pflaumen oder Zwetschgen • 4 EL Honig • 1 Zimtstange • 200 g Sahne • 1 Vanilleschote • 200 g Magermilchjoghurt

819/197 kJ/kcal
3 g Eiweiß
11 g Fett
21 g Kohlenhydrate
2 g Ballaststoffe
36 mg Cholesterin
1,7 BE

1 Die Pflaumen waschen, entkernen und zusammen mit dem Honig, der Zimtstange und 60 Milliliter Wasser zum Kochen bringen. Bei schwacher Hitze 10 Minuten kochen, bis die Pflaumen weich sind.

2 Zimtstange aus den gekochten Pflaumen entfernen. Die Pflaumenmasse in einem Mixer pürieren und durch ein Sieb streichen.

3 Die Sahne steif schlagen. Die Vanilleschote längs aufschlitzen und das Mark herauskratzen.

4 Joghurt, Sahne und Vanillemark unter das Pflaumenmus ziehen. Die Masse in einer Eismaschine 30 Minuten kalt rühren oder in einer Schüssel 2 Stunden gefrieren.

5 Vor dem Servieren das das Eis 10 Minuten antauen lassen.

Buttermilch-Orangen-Eis

Zubereitungszeit: 10 Minuten ohne Kühlzeit

Zutaten für 2 Personen

1/8 l Buttermilch • 2 EL frisch gepresster Orangensaft
2 EL Apfelsüße • 1 Eiweiß

267/64 kJ/kcal
4 g Eiweiß
0 g Fett
11 g Kohlenhydrate
0 g Ballaststoffe
2 mg Cholesterin
0,9 BE

1 Die Buttermilch mit Orangensaft und Apfelsüße verrühren. Unbedingt frisch gepressten Orangensaft verwenden! Mit abgefülltem Saft gelingt es nicht.

2 Das Eiweiß steif schlagen und vorsichtig unterziehen.

3 Die Mischung in zwei Portionsbecher oder Stieleisformen füllen, zudecken und 2 Stunden in Eisfach oder Tiefkühltruhe gefrieren.

Eiskalter Apfel-Erdbeer-Drink

Zutaten für 2 Personen

250 g Erdbeeren • 1/4 l Apfelsaft • Eiswürfel • einige Blättchen Pfefferminze

Zubereitungszeit: 10 Minuten

1 Die Erdbeeren waschen, putzen und mit einem Mixstab pürieren. 2 Erdbeeren zum Garnieren zurückbehalten.

2 Apfelsaft und Erdbeerpüree vermischen.

3 Die Eiswürfel im Mixer zerkleinern und in Gläser füllen. Den Saft auf das Eis schütten und mit je 1 Erdbeere und einigen Blättchen Pfefferminze garniert servieren.

443/106 kJ/kcal
1 g Eiweiß
1 g Fett
21 g Kohlenhydrate
6 g Ballaststoffe
0 mg Cholesterin
1,8 BE

Erdbeeren und Apfelsaft mischen – und schon haben Sie einen sommerlichen Drink für unerwartete Gäste.

Milchsorbet

Zubereitungszeit: 10 Minuten

Zutaten für 4 Personen
12 Eiswürfel • 100 g Pistazienkerne • 1 l Milch • 70 g Zuckerrübensirup • 1/2 TL gemahlener Kardamom • 1/2 TL gemahlener Zimt

1510/360 kJ/kcal
13 g Eiweiß
22 g Fett
29 g Kohlenhydrate
3 g Ballaststoffe
33 mg Cholesterin
2,4 BE

1 Die Eiswürfel in einen Mixer geben und grob zerstoßen. Auf 4 große Gläser verteilen.

2 3/4 der Pistazienkerne zusammen mit der Milch in einen Mixer geben. Zuckerrübensirup, Kardamom und Zimt hinzufügen und in 2 Minuten zu einer glatten Flüssigkeit pürieren.

3 Die restlichen Pistazien hacken. Die Milch in die vorbereiteten Gläser gießen und mit den gehackten Pistazien bestreut servieren.

Bananenmilchshake

Zubereitungszeit: 5 Minuten

Zutaten für 4 Personen
2 vollreife Bananen • 1/2 l fettarme Milch • 1 Spritzer Zitronensaft

535/128 kJ/kcal
5 g Eiweiß
2 g Fett
20 g Kohlenhydrate
3 g Ballaststoffe
7 mg Cholesterin
1,7 BE

1 Die Bananen schälen, mit der Milch und dem Zitronensaft pürieren.

2 Die Bananenmilch in Gläser füllen und am besten eiskalt servieren.

Tipp Erfrischender werden Milchshakes, wenn man sie mit Buttermilch mixt. Bringen Sie Farbe ins Spiel, indem Sie die Bananen durch Erdbeeren, Brombeeren oder Kiwis ersetzen. Kiwimilchshakes sofort trinken, sonst wird die Milch bitter. Einige Früchte an den Glasrand gesteckt, machen die Drinks noch verführerischer.

Mangogranité

Zutaten für 4 Personen

3 vollreife Mangos • Saft von 1/2 Zitrone • 100 ml trockener Weißwein • 100 ml Mineralwasser • 1 Eiweiß • Honig nach Geschmack

Zubereitungszeit: 15 Minuten ohne Kühlzeit

1 Die Mangos schälen und vom Stein lösen. Das Fruchtfleisch pürieren.

2 Das Mangopüree mit Zitronensaft, Weißwein und Mineralwasser mischen und im Tiefkühlfach anfrieren lassen. Zwischendurch mehrmals gut durchrühren.

3 Das Eiweiß steif schlagen und unter die leicht gefrorene Mangomasse heben. Nach Geschmack mit Honig süßen. In das Tiefkühlfach stellen und fest werden lassen.

4 Das Mangogranité vor dem Servieren 10 Minuten antauen lassen.

380/91 kJ/kcal
1 g Eiweiß
0 g Fett
15 g Kohlenhydrate
1 g Ballaststoffe
0 mg Cholesterin
1,3 BE

Zimtparfait

Zutaten für 4 Personen

5 Eigelbe • 50 g Vollzucker • 1/2 EL Zimt • 2 EL Weinbrand 250 g Sahne

Zubereitungszeit: 30 Minuten ohne Kühlzeit

1 Die Eigelbe in eine Edelstahlschüssel geben und über einem Wasserbad aufschlagen, bis die Masse cremig wird und einzudicken beginnt.

2 Vollzucker, Zimt und Weinbrand einrühren. Die Schüssel in Eiswasser setzen und die Eimasse bis zum Erkalten weiter schlagen.

3 Die Sahne steif schlagen und unter die Eimasse heben. In eine Form füllen und für 4 Stunden in das Tiefkühlfach stellen.

1346/321 kJ/kcal
5 g Eiweiß
26 g Fett
14 g Kohlenhydrate
0 g Ballaststoffe
324 mg Cholesterin
1,2 BE

Klassische Desserts

Manche Süßspeisen begleiten einen schon seit den Tagen der Kindheit. Auf sie ganz verzichten zu müssen oder sie nur mit einem schlechten Gewissen genießen zu können, schmerzt dann besonders. Erschwert wird diese Situation meist dadurch, dass man diesen Klassikern wegen ihres Bekanntheitsgrads auch noch ständig begegnet.
Aber hier kann Abhilfe geschaffen werden. Da in der heutigen Zeit die Zuckermengen im Vergleich zu früher sowieso reduziert wurden, ist es meist kein großes Problem, auch in diesen bekannten Rezepten den Zucker durch andere gesündere Süßungsmittel zu ersetzen. In manchen Fällen kommt es dem Rezept sogar entgegen, da der Fruchtgeschmack dadurch noch verstärkt wird.

Bekannte Desserts wie Mousse au chocolat schmecken auch mit weniger Zucker immer noch köstlich.

Sabayon mit Trauben

Zutaten für 4 Personen
200 g grüne Weintrauben • 200 g blaue Weintrauben
2 EL Marsala • 5 Eigelbe • 1 Ei • 1 EL Honig • 50 g Vollzucker
150 ml trockener Weißwein

Zubereitungszeit: 25 Minuten

1 Die Weintrauben waschen, von den Stielen zupfen, halbieren und entkernen. In einer Schüssel mit Marsala marinieren.
2 Eigelbe, Ei, Honig und Vollzucker in einer Edelstahlschüssel mit rundem Boden cremig rühren.
3 Den Wein zugeben und über einem Wasserbad so lange mit einem Schneebesen aufschlagen, bis der Sabayon schaumig und dick wird.
4 Die Trauben auf Teller verteilen und mit dem Weinschaum begießen.

1125/268 kJ/kcal
6 g Eiweiß
9 g Fett
32 g Kohlenhydrate
1 g Ballaststoffe
327 mg Cholesterin
2,7 BE

Rote Grütze

Zubereitungszeit: 50 Minuten

Zutaten für 4 Personen

*750 g Früchte (am besten Himbeeren, Sauerkirschen und Rote Johannisbeeren) • 75 g Apfelsüße • etwas Zitronenschale • 50 g Maismehl • 4 EL Johannisbeersaft
200 g Sahne*

1334/318 kJ/kcal
4 g Eiweiß
16 g Fett
36 g Kohlenhydrate
10 g Ballaststoffe
45 mg Cholesterin
3,0 BE

1 Die Früchte verlesen, entstielen und mit 500 Milliliter Wasser zum Kochen bringen. 5 Minuten bei schwacher Hitze garen, mit dem Mixstab pürieren, nochmals einige Minuten kochen und durch ein Sieb streichen.
2 Den Saft mit Apfelsüße und Zitronenschale erneut aufkochen. Das Maismehl im Johannisbeersaft auflösen und unter Rühren hinzufügen. Aufkochen lassen.
3 Die Zitronenschale herausnehmen, die Grütze in eine Glasschüssel füllen und kühl stellen.
4 Die Grütze mit der flüssigen Sahne servieren.

Dukatenbuchteln

Zubereitungszeit: 1 Stunde plus 1 Stunde Ruhezeit

Zutaten für 4 Personen

*250 g Mehl • Mehl zum Ausrollen • 15 g Hefe • 100 ml Milch
50 g Vollzucker • 100 g Butter • 1 Ei • 1 Eigelb*

1 Das Mehl in eine Schüssel sieben und in die Mitte eine Mulde drücken. Die Hefe hineinbröckeln und mit etwas lauwarmer Milch und Mehl verrühren. Den Ansatz zugedeckt 20 Minuten gehen lassen.
2 Die restliche Milch, Vollzucker, 30 Gramm Butter, Ei und Eigelb zugeben und verkneten, bis der Teig Blasen wirft.

Nochmals 20 Minuten ruhen lassen.

3 Den Teig auf einer bemehlten Arbeitsfläche 2 Zentimeter dick ausrollen. Mit einem runden Ausstecher Dukaten von 4 Zentimeter Durchmesser ausstechen und nebeneinander in eine gebutterte Auflaufform setzen. Weitere 20 Minuten gehen lassen.

4 Den Backofen auf 180 °C (Gas Stufe 2–3, Umluft 160 °C) vorheizen. Die restliche Butter zerlassen, die Dukatenbuchteln damit bestreichen und 25 Minuten backen.

2209/528 kJ/kcal
12 g Eiweiß
26 g Fett
63 g Kohlenhydrate
3 g Ballaststoffe
176 mg Cholesterin
5,2 BE

Äpfel im Schlafrock

Zutaten für 4 Personen

2 Scheiben tiefgekühlter Blätterteig • 4 Äpfel • 50 g gehackte Walnüsse • 50 g Butter • 2 EL Apfeldicksaft • abgeriebene Schale von 1/2 Orange • Mehl zum Ausrollen • 1 Ei

Zubereitungszeit: 50 Minuten

1 Die Blätterteigscheiben zum Auftauen nebeneinander auslegen. Den Backofen auf 180 °C (Gas Stufe 2–3, Umluft 160 °C) vorheizen.

2 Die Äpfel schälen und das Kerngehäuse ausstechen. Walnüsse, 40 Gramm Butter, Apfeldicksaft und Orangenschale vermischen.

3 Die Blätterteigscheiben halbieren und auf einer bemehlten Arbeitsfläche dünn ausrollen. Je einen Apfel auf den Teig setzen und die Walnussmischung in die Öffnung füllen.

4 Das Ei verquirlen, die Blätterteigränder damit einpinseln, die Äpfel in den Teig hüllen und die Ränder fest andrücken.

5 Ein Blech mit der restlichen Butter einfetten, die Äpfel darauf setzen und 30 Minuten im Ofen backen. Nach 20 Minuten mit Ei bestreichen.

1754/419 kJ/kcal
7 g Eiweiß
29 g Fett
33 g Kohlenhydrate
4 g Ballaststoffe
89 mg Cholesterin
2,8 BE

Grießflammeris mit Kirschen

Zubereitungszeit: 40 Minuten ohne Kühlzeit

Zutaten für 4 Personen

1 Vanilleschote • 1 Zimtstange • Salz • 50 g Apfelsüße
250 ml Milch • 40 g Hartweizengrieß • 2 Blatt Gelatine
Ingwerpulver • je 1 TL abgeriebene Orangen- und Zitronenschale • 250 g Sahne • 1 EL Butter • 1 TL Speisestärke
125 ml Kirschsaft • 300 g Sauerkirschen aus dem Glas

1650/394 kJ/kcal
6 g Eiweiß
23 g Fett
38 g Kohlenhydrate
2 g Ballaststoffe
70 mg Cholesterin
3,2 BE

1 Die Vanilleschote aufschlitzen und das Mark herauskratzen. Vanillemark, -schote, Zimtstange, Salz und 1 Esslöffel Apfelsüße in die Milch geben und aufkochen. Vanilleschote und Zimtstange wieder entfernen.

2 Den Grieß unter Rühren in die Milch einrieseln und 5 Minuten bei schwacher Hitze quellen lassen. Etwas abkühlen lassen.

3 Die Gelatine in kaltem Wasser einweichen, ausdrücken und unter den Grießbrei rühren. Mit Ingwer, Zitronen- und Orangenschale würzen.

4 Die Sahne halbsteif schlagen und unter die Grießmasse ziehen. Por-

Kirschen enthalten viel Kalzium für Knochen und Zähne, Eisen für die Blutbildung und Kalium für die Zellversorgung.

tionsförmchen buttern, die Masse einfüllen und 2 Stunden kühl stellen.
5 Die Speisestärke mit 2 Esslöffeln Kirschsaft anrühren. Die Kirschen mit dem restlichen Saft und der Apfelsüße aufkochen, die Speisestärke zugeben und kochen, bis das Kompott leicht eindickt.
6 Die Flammeris auf Teller stürzen und mit Sauerkirschen garnieren.

Topfenpalatschinken

Zutaten für 4 Personen
100 g Butter • 80 g Mehl • 200 ml Milch • 2 Eier • abgeriebene Schale von 1 Zitrone und 1 Orange • Mark von 1/2 Vanilleschote • Salz • 4 EL Öl • 150 g Quark • 50 g Honig • 2 Eigelbe 1 TL Vanillepuddingpulver • 50 g Sahne

Zubereitungszeit: 50 Minuten

1 70 Gramm Butter erhitzen und leicht braun werden lassen.
2 Das Mehl mit der Milch vermischen. Eier, jeweils die Hälfte der Zitronen- und Orangenschale, Vanillemark und Salz zugeben und verrühren. Zuletzt die Butter und 1 Esslöffel Öl einarbeiten. Den Teig etwas ruhen lassen.
3 Den Quark in einem Küchentuch auspressen. Mit Honig, Eigelben, Puddingpulver und restlicher Zitronen- und Orangenschale glatt rühren. Die Sahne steif schlagen und unterziehen
4 Das restliche Öl in einer Pfanne erhitzen und aus dem Teig nacheinander 4 dünne Pfannkuchen ausbacken.
5 Die Palatschinken mit der Quarkmasse bestreichen und zu Dreiecken falten. Eine feuerfeste Form buttern, die Palatschinken hineinschichten und 5 Minuten bei 180 °C (Gas Stufe 2–3, Umluft 160 °C) backen.

2452/585 kJ/kcal
15 g Eiweiß
45 g Fett
32 g Kohlenhydrate
1 g Ballaststoffe
304 mg Cholesterin
2,6 BE

Mousse au chocolat

Zubereitungszeit: 35 Minuten ohne Kühlzeit

1584/378 kJ/kcal
9 g Eiweiß
22 g Fett
35 g Kohlenhydrate
3 g Ballaststoffe
158 mg Cholesterin
2,9 BE

Zutaten für 4 Personen

100 g braune Kuvertüre • 225 g Sahne • 2 Eigelbe • Mark von 1/2 Vanilleschote • 70 g Vollzucker • 4 Eiweiße • Salz

1 Die Kuvertüre klein schneiden und schmelzen. Mit 2 Esslöffeln Sahne vermischen.

2 Die Eigelbe mit Vanillemark und Vollzucker vermischen und über einem Wasserbad aufschlagen, bis die Eier einzudicken beginnen. Etwas abkühlen lassen und mit der geschmolzenen Kuvertüre vermengen.

3 Die restliche Sahne steif schlagen. Das Eiweiß mit etwas Salz ebenfalls steif schlagen.

4 Jeweils 1/3 von Sahne und Eischnee mit der Schokoladenmasse verrühren. Nacheinander restliche Sahne und Eiweiß unterheben.

5 Die Mousse in eine Schüssel füllen und über Nacht kühl stellen.

Birne Helene

Zubereitungszeit: 30 Minuten

Zutaten für 4 Personen

4 Williamsbirnen • 2 EL Birnendicksaft • 1 EL Zitronensaft 50 g Mandelsplitter • 50 g schwarze Kuvertüre • 1 EL Weinbrand • 1 TL Steviaextrakt • 50 g Sahne

1 Die Birnen schälen, mit Stiel halbieren und vom Kerngehäuse befreien. Mit Birnendicksaft, Zitronensaft und 125 Milliliter Wasser 5 Minuten bei schwacher Hitze kochen. Im Sud erkalten lassen.

2 Die Mandelsplitter in einer beschichteten Pfanne ohne Fettzugabe anrösten. Die Kuvertüre klein schneiden und mit Weinbrand, 2 Esslöffeln Wasser und Steviaextrakt schmelzen. Die Sahne unterrühren.

3 Die Birnen aus dem Sud nehmen, abtropfen lassen und fächerartig einschneiden.

4 Je 2 Birnenhälften auf einem Teller anrichten, mit den Mandeln bestreuen und mit der Schokoladensauce beträufeln.

1062/253 kJ/kcal
5 g Eiweiß
12 g Fett
30 g Kohlenhydrate
7 g Ballaststoffe
11 mg Cholesterin
2,5 BE

Crêpes suzette

Zutaten für 4 Personen

100 g Mehl • 125 ml Milch • Salz • 50 g Vollzucker • 2 Eier 2 Eigelbe • 2 EL Butter • 2 Orangen • 1 rosa Grapefruit 2 EL Öl • 2 EL Orangenlikör • 2 EL Weinbrand

Zubereitungszeit: 50 Minuten

1 Das Mehl in eine Schüssel sieben. Milch und 125 Milliliter Wasser zugeben und zu einem glatten Teig verarbeiten. Salz, 1 Esslöffel Vollzucker, Eier und Eigelbe einrühren. Die Butter schmelzen und unterheben. Den Teig 30 Minuten quellen lassen.

2 Orangen und Grapefruit schälen, so dass auch die weiße Haut entfernt ist. Die Filets aus den Zwischenwänden schneiden. Dabei den Saft auffangen. Das Fruchtfleisch mit Saft und restlichem Vollzucker vermischen.

3 Das Öl in einer Crêpespfanne erhitzen und nacheinander 12 kleine dünne Pfannkuchen ausbacken.

4 Die Früchte in eine Flambierpfanne geben. Die Crêpes 2-mal falten, so dass Dreiecke entstehen, auf die Früchte legen und etwas erhitzen.

5 Orangenlikör und Weinbrand darüber gießen und sofort entzünden. Die Crêpes in der Pfanne noch brennend servieren.

1702/406 kJ/kcal
10 g Eiweiß
18 g Fett
42 g Kohlenhydrate
2 g Ballaststoffe
242 mg Cholesterin
3,5 BE

Frankfurter Kirschpudding

Zubereitungszeit: 1 Stunde

Zutaten für 6 Personen

3 Eier • 70 g Butter • Butter für die Formen • 1 TL abgeriebene Zitronenschale • 1 EL Rum • 70 g geriebene Haselnüsse 70 g Biskuitbrösel • 50 g Agavendicksaft • 1 EL Kakao • Zimt 2 EL Semmelbrösel • 50 g Sauerkirschen aus dem Glas

1312/313 kJ/kcal
7 g Eiweiß
23 g Fett
19 g Kohlenhydrate
2 g Ballaststoffe
180 mg Cholesterin
1,6 BE

1 Die Eier trennen. Die Butter mit Eigelben, Zitronenschale und Rum schaumig rühren.

2 Haselnüsse, Biskuitbrösel, Agavendicksaft und Kakao vermischen. Mit Zimt würzen.

3 Das Eiweiß steif schlagen. 1/3 des Eischnees mit der Butter-Rum-Masse verrühren. Zuerst die Haselnussmischung, dann das restliche Eiweiß unterheben.

4 Sechs Timbaleformen buttern und mit Semmelbröseln ausstreuen. Zu 2/3 mit der Masse füllen, Kirschen einlegen und die restliche Puddingmasse darauf verteilen.

Es gibt ungefähr 300 verschiedene Arten der Agave, die vor allem in Südamerika beheimatet sind.

5 Den Ofen auf 170 °C (Gas Stufe 2, Umluft 150 °C) vorheizen. Die Timbale in ein Wasserbad setzen und den Kirschpudding 25 Minuten garen.
6 Nach dem Backen sofort stürzen und noch warm servieren.

Reis Trauttmansdorf

Zutaten für 4 Personen
500 ml Milch • Salz • 75 g Honig • 30 g Butter • abgeriebene Schale von 1/2 Zitrone • 100 g Rundkornreis • 200 g Sauerkirschen • 4 Aprikosen • 4 Blatt Gelatine • 250 g Sahne

Zubereitungszeit: 1 Stunde ohne Kühlzeit

1 Milch, Salz, 1 Esslöffel Honig, Butter und Zitronenschale in einen Topf geben und aufkochen.
2 Den Reis in einem Sieb unter kaltem Wasser abspülen und in die Milch schütten. Bei schwacher Hitze 40 Minuten ausquellen lassen.
3 In der Zwischenzeit die Kirschen waschen, entsteinen und halbieren. Die Aprikosen schälen, vom Kern befreien und achteln.
4 Das Obst mit dem restlichen Honig und 100 Milliliter Wasser zugedeckt 5 Minuten dünsten.
5 Die Gelatine in kaltem Wasser einweichen, ausdrücken und im warmen Reis auflösen. Den Reis abkühlen lassen.
6 Die Sahne steif schlagen und mit dem abgetropften Obst unter die Reismasse heben.
7 Eine Schüssel oder Puddingform mit kaltem Wasser ausspülen, den Reis hineinfüllen und in 3 Stunden im Kühlschrank fest werden lassen.
8 Vor dem Servieren die Form in heißes Wasser tauchen und den Reis auf eine Platte stürzen.

2149/513 kJ/kcal
10 g Eiweiß
30 g Fett
51 g Kohlenhydrate
2 g Ballaststoffe
91 mg Cholesterin
4,2 BE

Savarin mit Früchten

Zubereitungszeit: 1 Stunde und 10 Minuten

Zutaten für 6–8 Personen

200 g Mehl • 125 ml Milch • 10 g Hefe • 80 g Butter 1 EL Steviapulver • 2 Eigelbe • 1/2 Vanilleschote • abgeriebene Schale von 1/2 Zitrone • Salz • 2 Pfirsiche • 1/2 Ananas 100 g Kirschen • 100 g Himbeeren • 50 g Honig • 3 cm Zimtstange • 2 EL Rum

Für 7 Personen:
1234/295 kJ/kcal
6 g Eiweiß
12 g Fett
37 g Kohlenhydrate
4 g Ballaststoffe
91 mg Cholesterin
3,1 BE

1 50 Gramm Mehl, 50 Milliliter Milch und Hefe vermengen. Den so entstandenen Teig 20 Minuten zugedeckt an einem warmen Ort gehen lassen.

2 70 Gramm Butter schaumig schlagen. Das Steviapulver und die Eigelbe einrühren und mit dem Mark der Vanilleschote, der Zitronenschale und etwas Salz würzen.

3 Den Hefeteig in die Butter-Ei-Mischung einrühren. Restliches Mehl und Milch einarbeiten.

4 Mit der verbliebenen Butter Savarinformen buttern. Den Teig in einen Spritzbeutel mit großer Lochtülle füllen und in die Formen spritzen. Anschließend nochmals 20 Minuten gehen lassen.

5 Den Backofen auf 180 °C (Gas Stufe 2–3, Umluft 160 °C) vorheizen und die Savarinringe 20 Minuten backen.

6 In der Zwischenzeit die Pfirsiche waschen, schälen, entkernen und würfeln. Die Ananas schälen, vom harten Mittelstrunk befreien und ebenfalls würfeln. Die Kirschen waschen, entsteinen und halbieren. Die Himbeeren waschen und ganz belassen.

7 Honig, Zimtstange und 200 Milliliter Wasser aufkochen und 10 Minuten bei schwacher Hitze ziehen lassen. Die Zimtstange entfernen und den Rum einrühren.

8 Die Savarinringe aus den Formen stürzen, mit dem Rumsud tränken und die vorbereitete Früchtemischung in das Loch in der Mitte füllen.

Apfelkücherl in Weinteig

Zutaten für 4 Personen

4 Eier • 150 g Mehl • 175 ml Milch • 50 ml Weißwein • Salz abgeriebene Schale von 1/2 Zitrone • 1 EL Steviapulver • Zimt 1 Vanilleschote • 125 g Sahne • 3 Eigelbe • 4 säuerliche Äpfel Öl zum Ausbacken

Zubereitungszeit: 55 Minuten

1 Eier trennen. Mehl mit 50 Milliliter Milch und Weißwein zu einem Teig verrühren. Eigelbe, Salz, Zitronenschale, 1 Teelöffel Steviapulver und Zimt einarbeiten. 30 Minuten ruhen lassen. Das Eiweiß kühl stellen.

2 In der Zwischenzeit die Vanilleschote längs halbieren und das Mark herauskratzen. Schote, Mark, Sahne und restliche Milch aufkochen. Die Schote wieder entfernen.

3 Die Eigelbe mit dem verbliebenen Steviapulver schaumig schlagen. Die Vanillemilch zugeben und unter ständigem Rühren über einem Wasserbad erhitzen, bis die Sauce anfängt einzudicken.

4 Die Äpfel schälen, das Kerngehäuse ausstechen und das Fruchtfleisch in Ringe schneiden.

5 Das Eiweiß steif schlagen und unter den Weinteig ziehen.

6 Das Öl in einer hohen Pfanne erhitzen. Die Apfelringe durch den Teig ziehen, überschüssigen Teig abtropfen lassen und im Öl goldbraun herausbacken. Dabei einmal wenden. Auf Küchenpapier abtropfen lassen.

7 Mit lauwarmer Vanillesauce servieren.

2186/522 kJ/kcal
16 g Eiweiß
31 g Fett
42 g Kohlenhydrate
4 g Ballaststoffe
432 mg Cholesterin
3,5 BE

Süße Hauptgerichte

Lange Zeit war Freitag der klassische Fischtag. In Gegenden, die vom Meer weit entfernt und auch mit Binnengewässern nicht übermäßig gesegnet sind, wurden die Fischgerichte früher häufig durch süße Mehlspeisen, oft in Kombination mit einem Gemüseeintopf, ersetzt. In den Jahren des starken Fleischkonsums sind diese Gerichte etwas in Vergessenheit geraten bzw. nicht mehr als vollwertige Hauptmahlzeit akzeptiert worden. Heute, da man gerne ab und zu auf Fleisch verzichtet, besinnt man sich wieder auf diese Rezepte.

Süße Hauptgerichte mit frischen Früchten – nicht nur bei Kindern sehr beliebt.

Die Nährwertangaben beziehen sich, wenn nicht anders angegeben, auf eine Portion.

Pfitzauf mit Johannisbeersuppe

Zutaten für 4 Personen

375 g Mehl • Salz • 5 Eier • 50 g Butter • Butter für die Form
50 g Vollzucker • 500 g Johannisbeeren • 800 ml Milch
2 EL Apfelsüße

1 Aus Mehl, Salz und Eiern einen dicken Pfannkuchenteig herstellen. Die Butter zerlassen und mit dem Vollzucker unter den Teig ziehen.

2 Eine Auflaufform buttern und die Eimasse hineinfüllen. Bei 180 °C (Gas Stufe 2–3, Umluft 160 °C) 30 Minuten im Ofen backen.

3 Die Johannisbeeren waschen, verlesen und entstielen. Die Hälfte leicht zerdrücken.

4 Die Milch mit Apfelsüße und den zerdrückten Johannisbeeren mischen.

5 Die ganzen Johannisbeeren auf tiefe Teller verteilen und mit der Milch aufgießen. Den Pitzauf heiß dazu reichen.

Zubereitungszeit: 40 Minuten

3327/794 kJ/kcal
27 g Eiweiß
29 g Fett
103 g Kohlenhydrate
13 g Ballaststoffe
359 mg Cholesterin
8,6 BE

Apfelstrudel

Zubereitungszeit: 2 Stunden und 20 Minuten

Zutaten für 4 Personen

300 g Mehl • Mehl zum Ausrollen • Salz • 1 Ei • 3 EL Öl
1 kg Äpfel • 100 g Apfeldicksaft • 100 g blättrig geschnittene Mandeln • 100 g Rosinen • 6 EL zerlassene Butter • 4 EL Semmelbrösel • 2 EL Puderzucker

4120/985 kJ/kcal
17 g Eiweiß
45 g Fett
126 g Kohlenhydrate
14 g Ballaststoffe
113 mg Cholesterin
10,5 BE

1 Das Mehl mit 100 Milliliter lauwarmem Wasser, Salz, Ei und Öl zu einem weichen, elastischen Teig verkneten, der nicht mehr klebt. In die Backschüssel legen, mit etwas warmem Wasser bestreichen und zugedeckt mindestens 30 Minuten ruhen lassen.

2 In der Zwischenzeit die Äpfel schälen, vierteln, vom Kerngehäuse befreien und in Scheiben schneiden. Mit Apfeldicksaft, Mandeln und Rosinen gut mischen.

3 Den Teig in 4 Teile zerschneiden und aus jedem Teigteil eine Kugel formen. Auf einer bemehlten Arbeitsfläche eine Kugel so dünn wie möglich ausrollen.

4 Ein großes Küchentuch ausbreiten. Damit der Teig nicht klebt, das Tuch mit Mehl bestäuben. Den ausgerollten Teig darauf legen. Mit beiden Händen unter den Teig fahren und an den Rändern ziehen, bis der Teig dünn wie Papier wird. Die Ränder mit einem Teigroller gerade schneiden.

5 Den Teig mit 1 Esslöffel zerlassener Butter bestreichen und mit 1 Esslöffel Semmelbrösel bestreuen. 1/4 der vorbereiteten Apfelfüllung auf dem Teig verteilen.

6 Ein Ende des Tuchs hochheben und den Teig vorsichtig aufrollen, so dass sich der Strudel zu einer Rolle formt. Die Rolle auf das Backblech legen. Das Ganze mit den verbliebenen Teigkugeln wiederholen.

7 Den Backofen auf 210 °C (Gas Stufe 4, Umluft 180 °C) vorheizen, die Strudel mit Butter bepinseln und in 45 Minuten goldbraun backen.

Kartoffelmaultaschen mit Obstfülle

Zutaten für 4 Personen
500 g Äpfel • 250 g Zwetschgen • 2 EL Ahornsirup
4 EL Agavendicksaft • Zimt • 1 kg mehlige Kartoffeln
100 g Mehl • 2 Eier • 50 g Butter • 100 g Sauerrahm
100 ml Milch

Zubereitungszeit: 1 Stunde und 45 Minuten

1 Die Äpfel schälen, vierteln, vom Kerngehäuse befreien und in Scheiben schneiden. Die Zwetschgen waschen, entsteinen und vierteln. Beides mit Ahornsirup, Agavendicksaft und Zimt vermischen.
2 Die Kartoffeln weich dämpfen, noch warm schälen und durch eine Kartoffelpresse drücken. Mit Mehl und Eiern zu einem Teig verarbeiten. Der Teig sollte sich ausrollen lassen. Eventuell etwas mehr Mehl zugeben. Abkühlen lassen.
3 Die Kartoffelmasse zu einer Rolle formen, in 8 Scheiben schneiden und diese tellergroß auf eine Dicke von 1/2 Zentimeter ausrollen.
4 Die Butter zerlassen und die Teigscheiben mit Butter und Sauerrahm bestreichen. Die Obstfüllung darauf verteilen und den Teig darüber zusammenschlagen oder aufrollen. Mit dem Rand nach oben in eine gefettete Auflaufform setzen.
5 Den Backofen auf 180 °C (Gas Stufe 2–3, Umluft 160 °C) vorheizen und die Maultaschen darin 45 Minuten backen. 10 Minuten vor Ende der Garzeit die Milch angießen.

2472/591 kJ/kcal
13 g Eiweiß
21 g Fett
86 g Kohlenhydrate
9 g Ballaststoffe
168 mg Cholesterin
7,2 BE

Crêpes mit Karamellpfirsichen

Zubereitungszeit: 45 Minuten

Zutaten für 4 Personen

200 g Mehl • 2 Eier • 2 Eigelbe • ca. 300 ml Milch • 1 EL Sonnenblumenöl • 5 EL Vollrohrzucker • Salz • 500 g reife Pfirsiche • 50 g Butter • Butter zum Ausbacken • Schale und Saft von 1 Zitrone • 3 EL gehackte Walnüsse

2693/644 kJ/kcal
17 g Eiweiß
25 g Fett
81 g Kohlenhydrate
9 g Ballaststoffe
313 mg Cholesterin
6,8 BE

1 Aus Mehl, Eiern, Eigelben, Milch, Öl, 1 Esslöffel Vollrohrzucker und etwas Salz einen geschmeidigen Crêpeteig herstellen. Den Teig noch 30 Minuten ruhen lassen.

2 In der Zwischenzeit die Pfirsiche mit heißem Wasser überbrühen, einschneiden und die Haut abziehen. Vom Kern befreien und in schmale Spalten schneiden.

3 Die Butter in einer Pfanne erhitzen, den restlichen Vollrohrzucker hinzugeben und das Ganze

Je dünner der Crêpeteig ausgebacken ist, desto intensiver ist der Geschmack der Früchte.

bei geringer Hitze unter ständigem Rühren karamellisieren lassen.

4 Die abgeriebene Zitronenschale, den Zitronensaft sowie die Pfirsichspalten dazugeben und das Ganze noch einmal unter Rühren kurz aufkochen lassen.

5 Von dem Teig in einer kleinen Pfanne mit etwas Butter nacheinander ganz dünne helle Crêpes ausbacken.

6 Die Crêpes mit den karamellisierten Früchten füllen, aufrollen und mit gehackten Walnüssen bestreut servieren.

Aprikosen-Brombeer-Auflauf

Zutaten für 4 Personen

400 g Aprikosen • 100 g Brombeeren • 2 Eier • 40 g Vollzucker • 75 g Mehl • 75 g Grieß • 400 ml Vollmilch • Salz 1 EL Butter • 1 TL Zimt • 1 EL Puderzucker

Zubereitungszeit: 40 Minuten

1 Die Aprikosen waschen, entsteinen und vierteln. Die Brombeeren waschen und abtropfen lassen. Den Backofen auf 180 °C (Gas Stufe 2–3, Umluft 160 °C) vorheizen.

2 Die Eier trennen. Eigelbe mit dem Vollzucker schaumig rühren. Abwechselnd Mehl, Grieß und Milch zugeben, bis ein glatter Teig entsteht.

3 Das Eiweiß mit etwas Salz zu Eischnee schlagen und vorsichtig unter den Teig heben.

4 Eine flache Auflaufform mit der Butter fetten. Den Teig in die Form füllen und die Früchte darauf verteilen. Im Backofen 35 Minuten backen. Den Backofen ausschalten und den Auflauf noch 10 bis 15 Minuten ziehen lassen.

5 Den Auflauf mit Zimt und Puderzucker überstäuben und servieren.

1500/360 kJ/kcal
11 g Eiweiß
11 g Fett
55 g Kohlenhydrate
2 g Ballaststoffe
185 mg Cholesterin
4,5 BE

Müsli-Frucht-Strudel

Zubereitungszeit: 55 Minuten plus 2 Stunden Ruhezeit

Zutaten für 4 Personen

300 g Mehl • Mehl zum Ausrollen • 2 EL Öl • 2 Eigelbe • Salz
250 g Müsli • 200 ml Milch • 100 g fettarmer Joghurt
100 g Honig • 2 Äpfel • 2 Bananen • 50 g Sultaninen
Saft von 1 Orange • Butter zum Bestreichen des Strudels

3627/866 kJ/kcal
20 g Eiweiß
21 g Fett
147 g Kohlenhydrate
11 g Ballaststoffe
127 mg Cholesterin
12,3 BE

1 Das Mehl in eine Schüssel geben und das Öl, die Eigelbe, etwas Salz und 3 bis 4 Esslöffel Wasser hinzufügen. Alles zu einem glatten Teig verkneten. In Frischhaltefolie gewickelt 2 Stunden im Kühlschrank ruhen lassen.

2 Das Müsli zusammen mit der Milch, dem Joghurt und dem Honig in eine Schüssel geben.

3 Die Äpfel waschen, schälen, vierteln, vom Kerngehäuse befreien und in Würfel schneiden. Die Bananen schälen, in Scheiben schneiden.

4 Das Obst zusammen mit den Sultaninen und dem Orangensaft zu der Müslimasse geben. Die Mischung 1 Stunde quellen lassen.

5 Den Backofen auf 200 °C (Gas Stufe 3–4, Umluft 180 °C) vorheizen. Den Strudelteig auf einem bemehlten Tuch zunächst ausrollen, dann mit den Händen hauchdünn auf etwa 40 mal 30 Zentimeter ausziehen.

6 Die Füllmasse auf 1/3 des Teigs streichen, dabei oben und unten einen Rand lassen. Die Ränder einschlagen und den Strudel der Länge nach zusammenrollen.

7 Den Strudel auf ein mit Backpapier ausgelegtes Backblech setzen. 2 Esslöffel Butter zerlassen und den Strudel damit bestreichen. Im Ofen 30 bis 35 Minuten backen, herausnehmen und kurz ruhen lassen, aufschneiden und servieren.

Rohrnudeln mit Vanillesauce

Zutaten für 4 Personen
50 g Rosinen • 250 g Mehl, Mehl zum Ausrollen • 15 g Hefe 225 ml Milch • 100 g Vollzucker • 100 g Butter • Butter für die Form • 1 Ei • 4 Eigelbe • 1 Vanilleschote • 125 g Sahne

Zubereitungszeit: 1 Stunde plus 1 Stunde Ruhezeit

3305/790 kJ/kcal
16 g Eiweiß
42 g Fett
86 g Kohlenhydrate
4 g Ballaststoffe
375 mg Cholesterin
7,2 BE

1 Die Rosinen in warmem Wasser einweichen.
2 Mehl in eine Schüssel sieben und in die Mitte eine Mulde drücken. Die Hefe hineinbröseln und mit etwas lauwarmer Milch und Mehl verrühren. Zugedeckt an einem warmen Ort 20 Minuten gehen lassen.
3 100 Milliliter Milch, 50 Gramm Vollzucker, 30 Gramm Butter, Ei und 1 Eigelb zugeben und verkneten, bis der Teig Blasen wirft. Nochmal 20 Minuten ruhen lassen.
4 Die Rosinen abtropfen lassen und in den Teig einarbeiten. Den Teig auf einer bemehlten Arbeitsfläche zu einer Rolle formen, in Stücke teilen und Kugeln von 5 Zentimeter Durchmesser formen. Nebeneinander in eine gebutterte Auflaufform setzen. Weitere 20 Minuten gehen lassen.
5 Den Backofen auf 180 °C (Gas Stufe 2–3, Umluft 160 °C) vorheizen. Die restliche Butter zerlassen, die Rohrnudeln damit bestreichen und 35 Minuten backen.
6 Die Vanilleschote längs halbieren und das Mark herauskratzen. Schote und Mark mit Sahne und restlicher Milch aufkochen. Die Schote wieder entfernen.
7 Die verbliebenen Eigelbe mit dem restlichen Vollzucker schaumig schlagen, Vanillemilch zugeben und unter Rühren über einem Wasserbad erhitzen, bis die Sauce anfängt einzudicken.
8 Rohrnudeln mit Vanillesauce servieren.

Ricottastrudel mit Nektarinen

Zubereitungszeit: 1 Stunde und 45 Minuten

Zutaten für 4 Personen

200 g Mehl • Mehl zum Ausrollen • Salz • 1 Ei • 2 EL Öl
4 Nektarinen • 2 Eier • 250 g Ricotta • 50 g Honig • abgeriebene Schale von 1/2 Zitrone • 1 EL Birnendicksaft • 4 EL Butter
50 ml Milch • 50 g Mandelstifte

2849/681 kJ/kcal
22 g Eiweiß
35 g Fett
68 g Kohlenhydrate
7 g Ballaststoffe
236 mg Cholesterin
5,6 BE

1 Das Mehl mit 60 Milliliter lauwarmem Wasser, Salz, Ei und Öl zu einem weichen Teig verkneten, der nicht mehr kleben sollte. Gründlich durchkneten, bis er elastisch ist. In eine Schüssel legen, mit etwas warmem Wasser bestreichen und zugedeckt mindestens 30 Minuten ruhen lassen.

2 In der Zwischenzeit die Nektarinen überbrühen, häuten, entkernen und würfeln.

3 Die Eier trennen. Ricotta mit Eigelben, Honig, Zitronenschale und Birnendicksaft vermischen. Das Eiweiß mit etwas Salz steif schlagen und unter den Ricotta heben.

4 Den Teig halbieren und zu 2 Kugeln formen. Den Küchentisch mit Mehl bestreuen und die Teigkugeln von der Mitte aus so dünn wie möglich ausrollen.

5 Ein großes Küchentuch ausbreiten. Damit der Teig nicht klebt, das Tuch mit Mehl bestäuben. Den ausgerollten Teig darauf legen. Mit beiden Händen unter den Teig fahren und an den Rändern ziehen, bis der Teig dünn wie Papier wird.

6 2 Esslöffel Butter in der Milch schmelzen und den Teig damit bestreichen. Die Ricottamasse auf die Teigflächen verteilen. Mit Nektarinen und Mandelsplittern belegen.

7 Ein Ende des Tuchs hochheben und den Teig vorsichtig aufrollen, so dass sich der Strudel zu einer Rolle formt. Die beiden Rollen auf das Backblech legen.

8 Den Backofen auf 210 °C (Gas Stufe 4, Umluft 190 °C) vorheizen, die Strudel mit Butter bepinseln und in 45 Minuten goldbraun backen.

Quarkauflauf mit Früchten

Zutaten für 4 Personen

200 g Äpfel • 200 g Birnen • 1 EL Honig • 4 EL Orangensaft
1 EL Zitronensaft • 4 Eier • 50 g Butter • 50 g Apfeldicksaft
50 g Birnendicksaft • 400 g Magerquark • 80 g Mehl
1 TL Backpulver • Salz

Zubereitungszeit: 1 Stunde und 25 Minuten

1 Äpfel und Birnen schälen, vierteln, vom Kerngehäuse befreien und in Scheiben schneiden. Mit Honig, Orangen- und Zitronensaft in einen Topf geben und bei schwacher Hitze zugedeckt in 5 Minuten weich dünsten.

2 Die Eier trennen. Die Eigelbe mit 40 Gramm Butter, Apfeldicksaft und Birnendicksaft schaumig rühren. Den Quark in ein Küchentuch geben und ausdrücken. Zur Butter geben und verrühren.

3 Mehl und Backpulver vermischen. Das Eiweiß mit etwas Salz steif schlagen. Die Hälfte des Eischnees und das Mehl mit der Quarkmasse vermengen. Den restlichen Eischnee vorsichtig unter die Masse ziehen.

4 Eine Auflaufform buttern. Die Hälfte der Früchte hineingeben, mit Quarkteig bedecken, die restlichen Äpfel und Birnen darauf legen und mit einer Schicht Quark abschließen.

5 Den Backofen auf 180 °C (Gas Stufe 2–3, Umluft 160 °C) vorheizen und den Quarkauflauf 45 Minuten backen.

1863/445 kJ/kcal
24 g Eiweiß
18 g Fett
46 g Kohlenhydrate
3 g Ballaststoffe
269 mg Cholesterin
3,8 BE

Pfannkuchen mit Rhabarberfüllung

Zubereitungszeit: 45 Minuten

Zutaten für 4 Personen

3 Eier • 2 EL Apfelsüße • 150 g Mehl • 500 ml Buttermilch 50 g gemahlene Haselnüsse • 1 EL Mineralwasser • Salz 40 g Walnüsse • 500 g Rhabarber • 4 EL Ahornsirup abgeriebene Schale von 1 Orange • Zimt • 2 EL Öl

2275/543 kJ/kcal
17 g Eiweiß
26 g Fett
58 g Kohlenhydrate
5 g Ballaststoffe
182 mg Cholesterin
4,8 BE

1 Die Eier mit der Apfelsüße schaumig schlagen. Abwechselnd Mehl und Buttermilch unterrühren. Haselnüsse, Mineralwasser und Salz hinzufügen und alles zu einem flüssigen, klumpenfreien Teig verarbeiten. Einige Minuten quellen lassen.

2 In der Zwischenzeit die Walnüsse grob hacken und in einer beschichteten Pfanne ohne Fettzugabe anrösten.

3 Den Rhabarber schälen und in 1 Zentimeter lange Stücke schneiden. In 100 Milliliter Wasser zugedeckt 10 Minuten bei

Erdbeeren entgiften den Darm, lindern Verdauungsstörungen, kräftigen das Immunsystem und schmecken zudem einfach gut.

schwacher Hitze garen. Den Deckel abnehmen und die Flüssigkeit einkochen lassen. Walnüsse, Ahornsirup, Orangenschale und Zimt zugeben. Etwas abkühlen lassen.

4 Aus dem Teig nacheinander 4 große Pfannkuchen in Öl backen. Die Pfannkuchen mit der lauwarmen Rhabarbermasse füllen, aufrollen und sofort servieren.

Mandelreis mit Erdbeeren und Rhabarber

Zutaten für 4 Personen

200 g Rundkornreis • 1 Vanilleschote • 1 l Milch • 50 g Apfelsüße • Salz • 70 g gehackte Mandeln • 500 g Rhabarber 50 g Zuckerrohrmelasse • 4 EL Weißwein • 1 TL Speisestärke 500 g Erdbeeren • 1 EL Honig

Zubereitungszeit: 45 Minuten

1 Den Reis in ein Sieb geben und unter kaltem Wasser waschen.

2 Die Vanilleschote längs aufschlitzen und das Mark herauskratzen. Beides in der Milch mit Apfelsüße und etwas Salz aufkochen. Den Reis zugeben und bei schwacher Hitze zugedeckt 40 Minuten quellen lassen. Die Vanilleschote entfernen.

3 Die Mandeln in einer beschichteten Pfanne ohne Fettzugabe anrösten und unter den Reis heben.

4 Den Rhabarber waschen, schälen und in Stücke schneiden. Mit Zuckerrohrmelasse, Wein und Speisestärke in einen Topf geben und unter Rühren bei mittlerer Hitze 10 Minuten garen, bis das Kompott weich ist. Abkühlen lassen.

5 Die Erdbeeren waschen, putzen, vierteln und mit dem Honig vermengen.

6 Mandelreis, Rhabarber und Erdbeeren zusammen anrichten.

2369/564 kJ/kcal
17 g Eiweiß
19 g Fett
76 g Kohlenhydrate
8 g Ballaststoffe
33 mg Cholesterin
6,3 BE

Kaiserschmarren

Zubereitungszeit: 25 Minuten

Zutaten für 2 Personen

4 Eier • 2 EL Apfelsüße • 1/4 l Milch • 125 g Mehl • Salz
50 g Rosinen • Butter zum Ausbacken

2617/626 kJ/kcal
26 g Eiweiß
22 g Fett
73 g Kohlenhydrate
7 g Ballaststoffe
645 mg Cholesterin
6,1 BE

1 Die Eier trennen. Die Eigelbe mit der Apfelsüße schaumig schlagen. Nacheinander Milch, Mehl, Salz und Rosinen zugeben und unterrühren.

2 Das Eiweiß steif schlagen und vorsichtig unter die Eigelbmasse heben.

3 In einer Pfanne mit Butter den Teig nach und nach wie Pfannkuchen ausbacken. Nach dem Wenden den Pfannkuchen mit zwei Gabeln zerreißen, kurz fertig backen und auf vorgewärmten Tellern servieren.

Milchreis mit Apfelkompott

Zubereitungszeit: 45 Minuten

Zutaten für 4 Personen

250 g Rundkornreis • 1/2 Vanilleschote • 750 ml Milch
100 g Apfeldicksaft • Salz • 500 g Äpfel • Saft von 1/2 Zitrone
1 Stück Zitronenschale • 50 g Butter • Zimt

2267/542 kJ/kcal
11 g Eiweiß
18 g Fett
83 g Kohlenhydrate
3 g Ballaststoffe
54 mg Cholesterin
6,9 BE

1 Den Reis in ein Sieb geben und unter kaltem Wasser waschen. 500 Milliliter Wasser aufkochen, den Reis hineingeben und 5 Minuten ziehen lassen. In ein Sieb gießen und abtropfen lassen.

2 Das Mark aus der Vanilleschote herauskratzen. In der Milch mit 50 Gramm Apfeldicksaft und etwas Salz aufkochen. Den Reis hineingeben und bei schwacher Hitze zugedeckt 30 Minuten quellen lassen. Die Vanilleschote entfernen.

3 In der Zwischenzeit die Äpfel schälen, vom Kern-

gehäuse befreien und in Schnitze schneiden.
4 Restlichen Apfeldicksaft, 500 Milliliter Wasser, Zitronensaft und -schale aufkochen. Die Apfelschnitze in die kochende Flüssigkeit geben und 5 Minuten darin garen. Die Zitronenschale herausnehmen, das Kompott vom Herd nehmen und abkühlen lassen.
5 Die Butter zerlassen. Den Milchreis auf Tellern anrichten, mit der zerlassenen Butter beträufeln und mit Zimt bestreuen. Das Apfelkompott getrennt dazu reichen.

Topfenknödel mit Himbeersauce

Zutaten für 4 Personen
250 g Quark • 250 g körniger Frischkäse • 4 Eier 200 g Grieß • 40 g Mehl • Salz • 500 g Himbeeren • abgeriebene Schale von 1 Zitrone • 2 EL Honig • 1/2 TL Zimtpulver 40 g Butter • 60 g Semmelbrösel • 2 EL Vollrohrzucker

1 Den Quark in einem Küchentuch ausdrücken. Den Frischkäse gut abtropfen lassen. Beides mit Eiern, Grieß, Mehl und Salz verrühren. 30 Minuten quellen lassen.
2 In der Zwischenzeit die Himbeeren waschen und mit Zitronenschale, Honig und Zimt pürieren.
3 Mit einem Esslöffel von der Quarkmasse kleine Knödel abstechen und in kochendes Wasser einlegen. Kurz aufkochen und bei geringer Hitze und halb geschlossenem Topf 15 Minuten ziehen lassen.
4 Die Butter zerlassen und die Semmelbrösel darin anrösten. Den Vollrohrzucker untermischen.
5 Die Quarkknödel aus dem Wasser heben und in den Butterbröseln schwenken. Mit der Himbeersauce servieren.

Zubereitungszeit: 55 Minuten

2743/656 kJ/kcal
34 g Eiweiß
19 g Fett
76 g Kohlenhydrate
12 g Ballaststoffe
274 mg Cholesterin
6,3 BE

Scheiterhaufen mit Äpfeln

Zubereitungszeit: 1 Stunde und 15 Minuten

Zutaten für 4 Personen
8 alte Brötchen • 500 ml Milch • Salz • abgeriebene Schale von 1 Zitrone • 50 g Apfelsüße • 2 Eier • 1 kg Äpfel • 50 g Rosinen • 2 EL Butter

2508/600 kJ/kcal
17 g Eiweiß
14 g Fett
98 g Kohlenhydrate
8 g Ballaststoffe
147 mg Cholesterin
8,2 BE

1 Die Brötchen klein schneiden und in eine Schüssel geben.
2 Milch, Salz, Zitronenschale, Apfelsüße und Eier verrühren, über die Brötchen geben, locker vermengen und etwas durchweichen lassen.
3 Die Äpfel schälen, vierteln, vom Kerngehäuse befreien und in Scheiben schneiden. Die Rosinen mit etwas Wasser überbrühen, abgießen und abtropfen lassen. Zu den Äpfeln geben.
4 Eine Auflaufform buttern und abwechselnd Brötchen und Äpfel in mehreren Schichten hineinfüllen. Mit Butterflöckchen belegen.
5 Den Scheiterhaufen in den Ofen geben und bei 180 °C (Gas Stufe 2–3, Umluft 160 °C) 40 Minuten backen.

Erdbeergratin

Zubereitungszeit: 40 Minuten

Zutaten für 4 Personen
1 kg Erdbeeren • 250 g Sahne • 1 Vanilleschote • 8 Eigelbe
4 EL Vollzucker • abgeriebene Schale von 1 Zitrone
40 g Mandeln

1 Die Erdbeeren waschen, putzen und vierteln. Besonders große Exemplare halbieren.
2 Die Sahne steif schlagen. Die Vanilleschote der Länge nach halbieren und das Mark herauskratzen.

3 Die Eigelbe mit Vollzucker, Vanillemark und abgeriebener Zitronenschale verrühren und unter die Sahne heben.
4 3/4 der Erdbeeren in eine große feuerfeste Form legen. Dann die Sahnemasse darüber geben. Die restlichen Erdbeeren darauf verteilen. Im vorgeheizten Grill oder im Backofen bei höchster Stufe goldbraun gratinieren.
5 Die Mandeln in einer beschichteten Pfanne ohne Fett goldbraun rösten, hacken und über das Gratin streuen.

2094/500 kJ/kcal
11 g Eiweiß
36 g Fett
32 g Kohlenhydrate
7 g Ballaststoffe
485 mg Cholesterin
2,7 BE

Apfelpfannkuchen

Zutaten für 4 Personen
3 Eier • 150 g Mehl • 1/2 l Buttermilch • 50 g gemahlene Haselnüsse • 1 EL Mineralwasser • Salz • 3 kleine Äpfel 4 TL Butterschmalz • Zimtpulver • 4 TL Ahornsirup

Zubereitungszeit: 35 Minuten

1 Die Eier in einer Schüssel schaumig schlagen. Abwechselnd portionsweise Mehl und Buttermilch unterrühren.
2 Die gemahlenen Haselnüsse, Mineralwasser und etwas Salz hinzufügen und alle Zutaten gut verrühren.
3 Die Äpfel waschen, schälen und mit einem Apfelausstecher vom Kerngehäuse befreien. In Ringe schneiden.
4 1 Teelöffel Butterschmalz in einer Pfanne zerlassen, Einige Apfelringe hineinlegen und 1/4 des Teigs darüber verteilen. Bei geschlossenem Deckel 3 Minuten goldgelb backen, dann wenden und fertig backen. Warm stellen.
5 Nacheinander 3 weitere Pfannkuchen backen, auf Teller verteilen, mit Zimt bestäuben und mit Ahornsirup beträufeln.

1923/460 kJ/kcal
16 g Eiweiß
22 g Fett
43 g Kohlenhydrate
6 g Ballaststoffe
205 mg Cholesterin
3,6 BE

Impressum
Der Südwest Verlag ist ein Unternehmen der Verlagshaus Goethestraße GmbH & Co. KG.

Redaktion: Christian Hilt, Barbara Wurzel
Projektleitung: Dr. Alex Klubertanz
Redaktionsleitung und medizinische Fachberatung: Dr. med. Christiane Lentz
Bildredaktion: Ute Schoenenburg
Produktion: M. Metzger (Leitung), A. Aatz, Dr. E. Weigele-Ismael
Umschlag: Heinz Kraxenberger, München
Layout: Wolfgang Lehner
DTP: Matthias Liesendahl

Printed in Italy
Gedruckt auf chlor- und säurearmem Papier

ISBN 3-517-08084-5

Über die Autoren

Heidrun Fronek studierte nach ihrer Ausbildung zur Arzthelferin an der TU Weihenstephan Haushalts- und Ernährungswissenschaften. Sie ist seit mehreren Jahren im journalistischen Bereich tätig und ist als Buchautorin auf Ernährungsratgeber und Kochbücher spezialisiert.
Norbert Müller studierte Anglistik und ist ausgewiesener Kenner der US-amerikanischen und der französischen Küche. Als gelernter Koch arbeitet er zusätzlich als Rezepteredakteur und freier Autor für verschiedene renommierte Verlage.

Literatur

Müller, Norbert: Zucchini, Tomaten, Kürbis. Südwest Verlag. München 1999
Hammelmann, Iris/Müller, Norbert: Ingwer. Südwest Verlag. München 1998
Oberbeil, Klaus: Fit durch Vitamine. Südwest Verlag. 14. Auflage, München 1998
Oberbeil, Klaus/Lentz, Dr. Christiane: Obst und Gemüse als Medizin. Südwest Verlag. 4. Auflage, München 1997
Zittlau, Dr. Jörg: Die besten Rezepte aus der Gewürzküche- Südwest Verlag. München 1998

Hinweis

Das vorliegende Buch ist sorgfältig erarbeitet worden. Dennoch erfolgen alle Angaben ohne Gewähr. Weder Autoren noch Verlag können für eventuelle Nachteile oder Schäden, die aus den im Buch gemachten praktischen Hinweisen resultieren, eine Haftung übernehmen.

Bildnachweis

Bilderberg, Hamburg: 10 (Frieder Blickle), 106 (Rainer Drexel); Image Bank, München: 18 (Renzo Mancini); Kerth Ulrich, München: 102; Rees Peter, Köln: 65; Südwest Verlag, München: Titel, 50 (Dirk Albrecht), 22, 29 (Siegfried Sperl), 40, 45, 60, 69, 72, 76, 82, 91, 95, 114 (Ch. Kargl/U. S.), 54 (Rainer Hofmann), 120 (Amos Schliack); Tony Stone, München: 1 (Victoria Pearson), 4 (Nick Dolding); Ute Schoenenburg, München: 36, 58, 86, 98, 110

Sachregister

Rezepte